「真田丸」を歩く

星亮一：編
歴史塾：著

現代書館

はじめに――日本一の兵《つわもの》・真田幸村

星　亮一

しばしば戦国大名人気ランキングのトップに登場するのが真田幸村である。織田信長、上杉謙信、武田信玄、伊達政宗らと並ぶ戦国時代のエースである。幸村はなぜエースなのか。

孤軍奮闘、いつも真剣に戦うからであろうか、不遇な時代も長い。そうしたことで、池波正太郎、海音寺潮五郎、司馬遼太郎、柴田錬三郎ら著名な作家が、次々と伝記小説を書いてきた。二〇一六年のNHKの大河ドラマの主人公は幸村である。しかも幸村の末裔は戊辰戦争にも登場する。

舞台は大坂の陣。豊臣秀吉と徳川家康の最終決戦である。幸村は華々しくここに登場する。慶長十九年（一六一四）冬、徳川家康は、豊臣勢を根絶せんと大坂冬の陣を起こし、大坂城を攻めた。その野望を打ち砕こうとして、家康をもはやこれまでかと、追い詰めた男こそ幸村だった。

真田幸村は、永禄十年（一五六七）、甲府に生まれた。

父は武田信玄の近臣武藤昌幸である。幼名弁丸、通称源次郎、本名は信繁だが、世間一般には幸村で通した。天正十年（一五八二）、十六歳の時、武田は滅び、北条氏、織田家の家臣となり、信長は本能寺で無念の死をとげるや、徳川家康に付いた。その後、家康と袂を分かち、二十四歳のとき、秀吉の配下となった。

関ケ原では西軍につき、敗れて高野山に籠り、約十四年間、配所で暮らした。太閤秀吉が世を去り、家康は天下を手中に収める。しかし、大坂城には豊臣秀頼が健在。豊臣恩顧の大名たちの厚い信望を集め、大坂城に籠って豊臣家再興を熱望した。

浪人真田幸村に最後の花を咲かせる機会が到来したのは、慶長十九年十月である。

幸村のわびしい住まいに豊臣秀頼の使者が訪れ、黄金二百枚、銀三十貫を贈って参戦を求めた。現在の貨幣価値に換算すれば、五億円はくだらない。

大坂冬の陣、幸村は大坂城の城南と平野口の外堀の外に出丸を作って、家康の兵を一歩も近づけなかった。

和睦を申し込んだ徳川方に対し、豊臣方は二派に分かれた。家康は約束を履行すると考える大野治長《はるなが》が主流を占めた。治長は、淀殿と密通し、「秀頼の胤は治長」という噂があった。家康は信用できないと、幸村は反論したが、押し切られた。

和睦の条件は二の丸、三の丸を埋めることだった。二の丸は豊臣方で埋めることになっていたが、あっという間に徳川方で埋めてしまった。

その半年後の慶長二十年五月、家康は再び大坂城を目指した。家康は今度こそ、豊臣家と真田幸村を叩き潰す決意に燃えた。幸村の戦略は家康の首一つだった。

ＮＨＫ放映の『堂々日本史』に幸村が登場したことがあった。

「冬の陣に続いて、その半年後に行われた大坂夏の陣。主人公は天下取りの総仕上げとして、何が何でも豊臣家を滅ぼそうとする徳川家康。一方、豊臣家を守ろうとする豊臣方は知略に優れた名将・真田幸村。冬の陣で幸村は要塞「真田丸」を築き、少数精鋭、緻密な戦略を駆使して徳川軍を圧倒、家康を撤退へと追い込んだ」

と言うナレーションで番組は始まった。

豊臣軍は小高い茶臼山に本陣を構えた。前回、家康が本陣を構えた場所である。ところが、幸村と大阪城を仕切る大野治長との間で意見があわず、攻撃の時間がずれた。本来、城の南東二十キロの国分に後藤又兵衛の軍団と幸村兵団が集結、進軍してくる家康軍を奇襲する作戦だった。ところが作戦を巡って紛糾、幸村軍の参加が遅れてしまい、又兵衛の軍団二千八百が犠牲になった。幸村が切望した秀頼の出馬も取りやめになった。幸村は怒った。

「わし一人で出かける。最後まで諦めはせぬぞ。目指すは家康の首一つ。出陣じゃ！」

満を持して茶臼山を駆け降りる幸村の赤い軍団三千は怒濤のごとく家康本陣に突撃した。多くの戦死者を出しながらも、将兵一丸となって遮二無二突撃を繰り返し、幸村は家康の首一つに狙いを定め、肉薄していった。

松平忠直の軍を突破し、幸村はついに家康の本陣近くにまで詰め寄った。

本陣を固める徳川軍は大混乱に陥った。幸村軍の赤い鎧・兜を目前に見て、旗本たちは馬印を捨てて逃げ惑った。家康は激怒した。

「なんたることじゃ。馬印まで倒すとは。幸村ごときに首をとられてたまるか。余は腹を切る！」

とわめいた。

「大御所さま、お待ちくださりませ」

側近は必死に家康を抱きかかえ、必死に軍勢を立て直した。激闘二時間、兵力の差は如何ともしがたく、幸村の軍勢は徳川軍の激しい銃撃にさらされ、壊滅していった。幸村も銃弾に倒れ、四十九年の生涯を閉じた。

慶長二十年五月七日、大坂方は総崩れとなり、午後四時、大坂城は炎に包まれた。将軍秀忠の娘で、秀頼夫人の千姫は大坂城から脱出、翌八日、淀殿と秀頼は自刃、豊臣家は滅亡した。

二〇一五年の大河ドラマ『花燃ゆ』が低調だっただけに、『真田丸』に寄せる国民の期待は大きいものがある。

幕末維新に絡むエピソードを一つ紹介したい。戊辰戦争時の仙台藩参政兼軍制掛の真田喜平太は、幸村の末裔である。大坂落城直前、幸村は旧知の仙台藩重臣片倉小十郎に次男大八と娘四人を託した。

主君伊達政宗の許しを得た小十郎は、幸村の遺児五人を居城の奥州白石に送り隠匿し、娘の一人阿梅を後妻に迎えた。真田喜平太は、幸村の次男大八の末裔で、幕末、喜平太は重臣の一人として遇された。

幸村の血脈が、仙台藩によって今日まで残されたことも心温まるエピソードであった。

大河ドラマに登場することを切に希望したい。

二〇一五年十月

「真田丸」を歩く＊目次

「芽城録」（大阪市）

桜　宝寿

「真田丸」信繁の奮戦

高野山で蟄居

慶長五（一六〇〇）年、関ヶ原の戦いで西軍側についた真田昌幸《さなだまさゆき》・信繁《のぶしげ》（幸村）父子は敗軍の将となった。「幸村」は十七世紀後半の戦記物に初めて登場する名で、当人の現在確認されている書状にある名は「信繁」である。以下、本稿では「信繁」名で記す。東軍側についた長男、信幸《のぶゆき》（後に改名して、信之）の嘆願もあり、父子は一命を取り留め、高野山に配流となった。

彼らはまず、高野山内にある蓮華定院《れんげじょういん》で幽閉生活を送ることになる。元々、この寺は信州佐久・小県地方の豪族の崇信を受け、高野山にお参りに来る際の宿泊所であった。そんな縁から、昌幸・信繁が幽閉されたようだ。後に当寺は、松代真田家の菩提寺にもなっている。

しばらく蓮華定院で暮らしたものの、その年の冬には家族を呼び寄せるため、女人禁制の高野山ではなく、ふもとの九度山に居を構えることとなった。また、山上での冬の寒さを避けるためとも、地元では伝わっている。九度山は当時、高野山の管轄下にあった。

和歌山県伊都郡九度山町の加羅陀山善名称院（真田庵）は、寺伝によると真田家の屋敷跡であったと思われる。ここで、昌幸・信繁ら家族は長い年月を過ごすこととなった。彼らの生活は兄、信之の仕送りに頼るしかなく、かなり困窮していたようだ。

高野山での蟄居時代に「焼酎をこぼれないように壺につめて、蓋をしっかりしめて送ってほしい」と記された信繁の書状が現存する。（蓮華定院所蔵）

「つほニしやうちう御つめ候可給候、今程無御座候者、次而御座候折節頼入申し候　御むつかしく候共、口能御つめ、其上御はり候て（略）」

真田紐という丈夫な紐がある。刀の下げ緒などに使われた。紐を作る技術を信州から伝来し、これを製造、販売して家計の足しにしていたようだ。また、臣下に真田紐を持たせて、全国を売りに回らせ、情報を集めていたとも伝わる。

信州の一豪族であった真田昌幸は、二度徳川軍の大勢力と戦い、二度とも負けなかった。徳川家康は昌幸を心底恐れていた。しかし、慶長十六（一六一一）年六月四日、昌幸は九度山で失意のうちに亡くなってしまう。享年六十五歳。真田庵には、昌幸の墓が残されている。

蟄居生活も長きにわたり、信繁は自分の体力の衰えを感じている。

そんな折、慶長十九年十月、豊臣秀頼は全国の浪人勢に大坂城入城を呼びかける。信繁はこれに応え、豊臣方につくことを決断した。やっと、出番が来たと感じたことであろう。関ヶ原の戦いから十四年の歳月がたっていた。

長男、大助幸昌と共に九度山を抜け出した信繁ら一行は、大坂城に入った（江戸期は「大坂」、明治になって、「土に返る」は縁起が悪いと「大阪」と表記するようになった）。

大坂城での生活

大坂城で、真田信繁ら歴戦の武将は優遇されていた。しかし、慶長二十年三月十九日付けの姉婿小山田壱岐守茂誠《しげよし》とその子、主膳之知《ゆきとも》宛ての信繁の書状には、複雑な心境が吐露されている。

「（略）我等身上之儀、殿様御懇比も大かたの事ニてハ無之候へとも、万気遣のミニて御座候　一日一日とくらし申候（略）」

将として厚遇されてはいるものの、彼らは外様であり、豊臣家の譜代の家臣ではない。城内で、信繁はそれなりに気を使っている。

豊臣方の呼びかけに応じた浪人の中には、元黒田家二十四騎の一人、後藤又兵衛基次《もとつぐ》や、長宗《ちょうそ》我部盛親《かべもりちか》、毛利勝永、塙団右衛門らがいた。彼らは歴戦の勇士で、戦国時代を生き抜いてきたものの、徳川家康が将軍となり、江戸に幕府を開き、世の中が安定するとともに生き場が無くなっていたのもまた、事実である。「死に遅れた」感もあったであろう。

「この世は浮世《うきよ》」であり、いずれは死に逝く、自分がこの世にあるとは思ってくれるなと、上記の書状で、信繁は姉婿と甥に書き送っている。

「（略）さためなき浮世ニて候へ者、一日さきハ不知事候、我々事なとハ、浮世にあるものとハお

11　「芽城録」（大阪市）

ほしめし候ましく候、恐々謹言　三月十九日　真左衛門佐　信繁（花押）」（「左衛門佐《さえもんのすけ》」は信繁の官名）

彼ら、浪人たちは死を賭し、城内で意気は盛んであった。

大坂冬の陣

豊臣秀吉が黒田官兵衛孝高《よしたか》（縄張り）、中井正吉《まさよし》（大工頭）らに造らせた巨大な大坂城は、難攻不落と言われた。軍議では、信繁や後藤ら浪人勢は出撃を主張するものの、巨大な大坂城を背景に豊臣家譜代の家臣らは籠城を主張し、慶長十九年十一月の戦いでは、籠城作戦を取ることとなった。世にいう「大坂冬の陣」は、大坂城周辺で戦いが行われることになる。

徳川方と交渉にあたっていた豊臣方の家老格で、家康の信任も篤かった片桐市正且元《いちのかみかつもと》を城内から追放したことをきっかけに、いよいよ戦いは近づいてくる。

全国から、続々と徳川方が大坂周辺に集結してきた。

十一月十九日、大坂の西部、木津川口で水軍がぶつかり、戦いの火ぶたは切られた。初戦は、徳川方の圧倒的な勝利に終わり、大坂の制海権は徳川方が握った。ここから戦国時代最後の、そして、日本史上最大の内戦が始まる。

「大坂御陣覚書」という本が残されている（平成二十三〈二〇一一〉年、大阪市史編纂所による全訳が発刊された。大阪市史料調査会発行。以下、「覚書」と記す）。この本は延宝五（一六七七）年、紀州藩主で徳川家康の十男、徳川頼宣の命により、紀州藩士宇佐美定祐によって書かれた。大坂の陣から六十二年後で、戦いの生き残りの兵士に取材しているふしがある。ぎりぎり可能な年代だろう。紀州は大坂に近い。戦後しばらくは落ち武者狩りが激しかったものの、二十年ほどたつうちには、敗軍の兵も許されて、仕官した者もいた。紀州藩の取材に応じたのではないだろうか。本書や当時の同時代資料をもとに、大坂の陣を追ってみる。

十一月二十六日未明、大坂城の北東、今福《いまふく》村・蒲生《がもう》村・鴫野《しぎの》村方面で冬の陣、最大の激戦ともいわれる戦いが行われた。大坂城内に居た真田信繁も、当然、この鴫野・今福の戦いには強い関心を持っていたと思われる。

十一月二十四日、米沢から上杉景勝が大軍を率いて、大坂に到着。すぐに軍議が開かれ、二十六日に開戦と決まった。上杉家家老の直江兼続も着陣している。

秋田城主佐竹義宣は急なことゆえ、江戸に在住の家臣を率いて、参戦してきた。上杉軍は鴫野方面、佐竹軍は今福・蒲生方面の豊臣方の守備砦を攻略に向かう。上杉景勝も佐竹義宣も共に、豊臣期の六大将である。また、関ヶ原の戦いでは、共に徳川家康には従わなかった。

今から四百年前、大坂城の北東地域には、巨大な旧大和川の本流が流れていた。しばしば大洪水を引き起こしたことから、宝永元（一七〇四）年には付け替えられ、現在の大和川は大阪市と堺市の市境を流れている。旧大和川の跡地は新田開発がなされ、摂州内では「新喜多《しぎた》村」という村が一つできたほどである。それほど、広い川だった。当時、この辺り一帯は水田と沼地、湿地帯が広がっていて、戦さができるのは堤か街道の上のみであった。
今福村・蒲生村はこの旧大和川の北側にあたり、鴫野《しぎの》村は南側になる。現在の地名にも大阪市城東区今福・蒲生・新喜多・鴫野が存在する。

十一月二十六日未明、上杉軍は豊臣方の大野治長が築かせていた鴫野砦を攻めた。上杉軍は圧倒的な大軍で、鴫野の方はすぐに落ちる。

佐竹軍も、当初は今福堤を勢いよく進軍し、大坂城のすぐ近く、片原町まで攻め立ててきた。これを城から見ていた木村長門守重成《しげなり》が単身、馬に乗って今福へ駆けつけてくる。その後、木村軍が続いた。重成は豊臣秀頼の乳兄弟で、この時、二十二歳。

「其朝木村長門守ハ御城ニ罷在候所に、今福口破れ、寄手片原町迄押し込しと聞て、其儘物の具して馬を跡に牽かせ、只一人走り出る、事急ニ而、我宿へ立寄る事も不叶、我門前にて此内の(組)衆皆々今福へ御出よ、と呼ハりながらはせ通る、四方に人々走り散て(略)」(「覚書」)

木村重成配下の高松内匠が、佐竹義宣の重臣戸村十太夫に宛てた正保二(一六四五)年三月二十三日付け書翰「高松戸村書翰」には、

「(略)此所にも鉄炮日頃より調敷なり申候故、長門守より何右衛門・我等に見候て参候得と被申候により罷出候折節、今福堤の注進御座候間(略)」(国立公文書館蔵)

と、記されている。

重成に続いた木村軍は蒲生を通って、今福の方へ向かい、佐竹軍を押し戻す。佐竹義宣は対岸の

鳴野に居た上杉軍に援軍を求めた。川幅の狭い所から、上杉軍が木村軍を種子島（火縄銃）で撃ちかけてくることとなった。

再び劣勢になった豊臣方を、大坂城京橋口から見ていた秀頼は、歴戦の勇将、後藤又兵衛基次に救援に行くように命じた。又兵衛は軍を率いて船に乗り、今福に向かった。途中、又兵衛は上杉軍直江山城守配下から側射され負傷したが、幸い軽症で、

「秀頼公の御運は強し」（「覚書」）

と、豪語した。

「皆々大坂をバ又兵衛一人が重荷に至たる存分也とて、嘲る族も多く有し（略）」

と、「覚書」は記している。

旧大和川を挟んで、なかなか合流できなかった上杉・佐竹軍は、木村・後藤軍に苦戦し、一進一退を続けた。結局、双方死傷者多数を出し、日没となり、それぞれが陣地に引き上げることとなった。

地元では、多くの遺体が川を流れ、川の水が真っ赤な紅葉で染まったように見えたと伝わる。近年まで「鯰江《なまずえ》」川という川が今福堤の南側を流れていた（昭和四十年代に埋め立てられ、道路になった）。「生血江《なまぢえ》」川と呼ばれていたのを「鯰江《なまずえ》」川に名を変えたという言い伝えがある。

二十六日夜、大御所家康と将軍秀忠は上杉・佐竹家中に感状を与えている。

木村重成の配下にあった高松内匠は、この日の夜の重成の思いやりを伝えている。

「（略）堤ニて難成所を、鉄炮ニて御打ちたて、上ニも事之外御機嫌、われらしきしたした迄も、

みなみなかんし申事候、此銀銭拝領申もまゝ、すこしにて候へとも、御すそハけニ色進之候、後刻同道申可参候まゝ、御こしらへ可被成候、かしく

霜（二）十六日　高内匠サマ　木村長門重成　判」（「古今消息集」国立公文書館蔵）

重成は秀頼にもらったであろう褒美から、「少しだけれど」と記しながら、部下におすそわけした。戦後、厳しい詮議の中、重成からの書状を高松は終生持ち続け、今に残る。おかげで、四百年後の我々が重成の肉声を聞ける。

十二月四日、いよいよ、真田信繁の戦いが始まった。

大坂城は、北を旧大和川と淀川、東を猫間川といった自然の川で守られていた。豊臣秀吉は、西側に東横堀川を掘らせ、三方を川に囲ませた。ただ、高台になる南側に堀を掘らせたが、水を流すことができず、「空堀《からぼり》」となる。大坂城、唯一の弱点とされる南側には空堀が築かれているものの、当然、大坂城の弱点を知る徳川方本隊は、南側から攻めていくものと考えられる。

豊臣期の大坂城を造った大工頭中井正吉の息子、中井大和守正清《まさきよ》は、秀吉の死後、徳川方に付き、大坂の陣当時の詳細な城の地図を残している。父が大坂城を造っている際に、息子の正清もそばにいたものと思われる。後年、徳川期の大坂城を造ったのも、正清である（江戸城や名古屋城、二条城建設の大工頭も中井正清）。

この中井家の残した文書や城の設計図の下絵などが、近年、大阪歴史博物館や大阪くらしの今昔

館で公開され、実物を見る機会を得た。模造紙大ほどの大きさの、豊臣期と徳川期の大坂城の図がいくつか残されている。彩色もされていて、興味深い。近年の発掘調査から、ここに記されている計測数字が正しく、正確な実測図であることが分かっている。この図から、大坂城の詳細な復元図が作られている。

さて、「慶長十九年甲寅冬大阪絵図」という縦一七七センチ、横一〇七センチほどの大きさの大阪冬の陣当時の配陣図の中に、大坂城の南総構え（空堀）の南側に「牙城《がじょう》」と記された出丸が描かれていた。そう、世に言う「真田丸」である。これは、中井正吉が建造したものではない。息子の正清から見れば、真田丸は父が築いた大坂城に付け加えられた「牙《きば》」のようなものであったのだろう。

慶長十九年当時、城の南側に出丸を築き、城を守ろうと考えたのは、後藤又兵衛と真田信繁であった。又兵衛は信繁に出丸築城を譲り、後年、この地域は真田山と呼ばれることとなる。

「真田丸ハ城東南ニテ、百間四面要害也」（百間は約一八〇メートル「大坂陣日記」）

関ヶ原の戦いの後、十五年が経ち、実戦部隊の武将たちも世代交代が行われている。織田信長・豊臣秀吉・徳川家康（当時七十四歳）らを第一世代とするならば、徳川秀忠・上杉景勝・黒田長政・後藤又兵衛基次、伊達政宗、真田信繁らは第二世代、豊臣秀頼・木村重成ら二十歳代の若者は第三世代となるだろう。その中に、真田丸への攻め手である前田利常（加賀）・井伊直孝（彦根）・松平忠直（越前）らがいる。彼ら二十代の若者に実戦の経験は少ないが、実戦部隊の主流となったのは彼らである。

真田丸の南側は、南へ向かって緩やかな傾斜地となっている。もちろん、真田丸の位置の方が高い。まずは真田丸の南、篠山と呼ばれる地域で前哨戦が行われ、銃弾が飛び交った。

十二月四日未明、まだ暗い中、真田丸の下、堀際に繰り出した徳川方から攻撃が始まった。若い世代が中心となって、真田丸に向かって攻め上がった。経験豊かな信繁は、敵を引き付けておいて、一斉に出丸の上から弓・弾丸を浴びせ、攻め続けた。以下、「覚書」を元に、徳川方の経過を記す。

「(略) 真田丸へは加賀勢取詰候を、真田左衛門 (佐)・伊木七郎右衛門下知して目の下に見下ろし、弓鉄炮ニ而打ち立る事雨の降ることし (略)」

となった。

しかし、若い寄せ手たちは、各藩、けん制し合い、お互い引くに引けず、徳川方の被害は甚大になる。「(略) 寄手竹束はなし、只的ニ成りて討るゝ程に手負・死人数不知 (略)」

攻撃側の手負い、死人の数知れず、「大御所様御怒甚敷」となり、とりわけ将軍秀忠は怒り狂い、抜け駆けした彦根藩家老木俣右京 (亮) は激しく叱責され、その夜「切腹を可被仰候」となった。

それを伝え聞いた大御所家康は、

「軍法を破る段は曲事ニ候得共、諸人に勝れ先を懸、命を不惜振舞候者ハ多くハなき物也、惣して生を受たる者、命は第一の宝也、夫を不顧、先を懸る輩は勇士の本望也、不聞降ニ而居給へかしと御内意ニ而 (略)」

と、木俣をなだめ、切腹を思いとどまらせるという、なかなか興味深いエピソードが描かれている。家康この時、七十四歳。長い経験を積んできた武将としての人となりが窺える。

同時代史料を見てみよう。

「（略）去る四日のひる程　天王寺口題目ニ被構候処ニ、加賀肥前守殿人数無理ニ切入候へ共、跡之人衆不続故、内ニ切入たる人衆者其儘相果、手負などハ堀きハに其まま有之を、味方よりものけえす、敵よりも討捕事不成由候、如此各はけしく、此比者被進由申候（略）

慶長十九年十二月十五日　進上　惟新様　陸奥守　家久（花押）」（「薩藩旧記雑録後編　家久公御請中」）

「（略）是より直ニ真田丸目懸詰申候処、（略）貴様ニ鉄炮当りひさまつき候を、手負候者御退候へと両人申候へハ、うす手之由ニて、両三人一所ニ先へかせき申候、間もなく多宮鉄炮ニ当り相果申候、貴様、我等両人ハ先へ心懸、真田丸堀近く詰申候処へ、（略）八人一所ニしこし羅立□□、内五人者鉄炮ニ当り、其内当場ニ相果申者も御座候（略）

二月廿日　石原孫左衛門様　松平伊与守内　山元八右衛門和定（花押）」（「石原家文書　大日本史料」）八人中五人、撃たれたとある。

真田丸堀際で、激しい銃撃戦があったことが伺える。信繁はこの戦いで大勝利を収め、名声はつとに上がった。

十二月十六日、もう一つの興味深い戦いが大坂城の西側、大坂城総構えの一つである東横堀川にかかる本町橋周辺で行われた。

蜂須賀小六の孫、至鎮《よししげ》が率いる蜂須賀軍が、本町橋西詰めに布陣していた。本町橋を挟んで、東詰めで対峙していた豊臣方、塙《ばん》団右衛門らが本町橋を渡り、蜂須賀軍に夜襲をかけた。塙の配下たちの夜討ちは、蜂須賀軍を大混乱に陥らせ、突然、襲われた蜂須賀勢の被害は甚大となった。引き上げ際に団右衛門は、本町橋上に一人戻って、

「夜討の大将判《ママ》団右衛門」（「覚書」）

という札を蒔いた。おかげで、この件、寄手惣軍に聞こえ、団右衛門は高名になったという。

夜討ちを聞いた大御所家康は、翌日、本陣だった茶臼山を出、本町橋西詰めに視察に訪れている。

今福・鴫野の戦い、真田丸の戦い、本町橋夜討ちと、十一月の戦は豊臣方優勢に終わる。徳川方は、一旦、大坂城を攻め落とすのを諦め、和議に持ち込むこととなる。大坂城ある限り、豊臣方を攻め滅ぼすことは難しいと考えた家康は、和議の条件に大坂城を取り巻く二の丸、三の丸の堀を埋めることを持ち出し、これを飲んだ豊臣方と和睦する。

十二月二十一日には、木村重成が豊臣家の重臣、郡主馬《こおりしゅめ》良列《よしつら》とともに豊臣家の使者として、徳川秀忠の本陣である岡山（現、生野区御勝山）に赴き、秀忠の誓紙を取った。よく物語などでは、家康の本陣へ赴いたとあるが、実際に重成が向かったのは秀忠の本陣である。

和睦後、慶長二十年一月二十四日付、姉むらまつ宛ての信繁の書状が残されている。

「（略）さてもヽこんと（今度）ふりよ（不慮）の事ニて　御とりあひニ成申、われヽここもとへまいり申候、きつかいとも御すいりやう（推量）候へく候、たたしまつヽあひす（済）ミ、われヽもし（死）に申さす候、御けさん（見参）ニて申たく候、あす（明日）にかハり候ハんハし（知）らす候へとも、なに事なく候（略）」

不慮のことで、大坂城に入り戦ったが、まずまず死なずに済んだ。明日のことは知らないが、今は何事もなくすごしていると、信繁は記している。

しかし、承知の通り、徳川方はあっという間に二の丸まで埋め立て、城を裸にしてしまう。堀を埋め立てられた大坂城では、もはや籠城戦ができず、慶長二十（一六一五）年五月に始まる戦いでは、豊臣方の武将たちは皆、大坂の南側へ討って出ることになる。

大坂夏の陣

四月二十九日、泉州樫井の戦いで塙団右衛門が戦死。再び、戦が始まる。

五月六日、後藤又兵衛は道明寺（現大阪府藤井寺市）に出陣し、信繁らが後続になるも、間に合わず、又兵衛も戦死する。真田軍が殿《しんがり》を務めると、追いかけてくる徳川方はおらず、

「関東勢百万と候え、男は一人もなく候」

と信繁が述べたという。

今福の戦いで、わき腹を弾丸がかすり、血を吹きながらも、

「秀頼公の御運は強し」

21　「芽城録」（大阪市）

と豪語していた又兵衛の戦死は、秀頼の前途を暗示するものとなった。
信繁は道明寺から大坂に戻る途中、平野の志喜長吉《しきながよし》神社付近で休息した。同神社に六文（連）銭の描かれた軍旗と刀を奉納し、戦勝祈願を行っている。又兵衛を失った信繁は、失意のまま茶臼山の本陣に帰陣した。

五月七日、若江岩田の戦い（現、東大阪市）で、井伊軍を相手に、木村重成が奮戦むなしく討死する。死を覚悟した重成は、出陣前夜、香を兜に焚き染めておいた。重成の首実験をした家康は、香の匂いをかぎ、重成の覚悟を讃えたという逸話がある。重成は美男子だったようで、重成の死を聞いた大坂城の女たちは皆、涙したと伝わる。

同日、午《うま》の刻（昼頃）茶臼山から出陣した真田信繁軍は、毛利勝永軍とともに、家康の本陣近くまで攻め入る。黒田長政が作らせたという「大坂夏の陣図屛風」（旧筑前黒田家伝来、大阪城天守閣所蔵）には、四天王寺の西門の近くで馬上、指揮を取る信繁、後に続く大助の姿が描かれている。信繁の兜に鹿角が付いているのは、この絵を基にしている。真田軍は赤備えだ。
徳川方総大将、大御所家康は老齢ながら、天王寺口（現在、JR天王寺駅南側付近）の最前線まで出陣してきている。劣勢の豊臣軍の起死回生を図るには、豊臣方総大将である秀頼の前線への出陣しかないと考えた信繁は、再三、後方の大坂城に秀頼出陣を促す伝兵を送っている。しかし、秀頼は姿を見せず、最後には負傷した大助を使者に送っている。

現状を打破するためには、家康の首をあげるのみと、信繁は三度、家康の本陣に突入した。旗本たちが逃げ去り、三方が原の戦い（対、武田信玄軍）以来、倒れたことの無かった家康の馬印も、この時、倒れるほどだった。家康も死を覚悟したほどに追い詰めるが、信繁は負傷し、疲労困憊《こんぱい》ついに力尽き、安居天神で休息中、若い越前藩兵と遭遇した。

「越前勢一万余吉田修理先懸ニ而黒烟を立、茶臼山へ一文字に押来る、其勢に驚き茶臼山より庚申堂まで備たる真田か勢一刃も不合押立られ右往左往に崩れ行、真田（左衛門）踏止り防んとすれとも不叶、安居の天神まで押立られ、城へかけ入んとしける越前勢追懸、真田終に西尾仁右《ママ》衛門ニ被討候」（「覚書」）

信繁を討ち取ったのは西尾仁左衛門宗次《にざえもんむねつぐ》といい、信繁の顔を知らずに宿所へ兜首を持ち帰り、徳川方にいた旧真田家の家臣の者が、信繁と告げた。西尾は越前の自分の家の菩提寺である孝顕寺に「真田地蔵」を建立している。背面には「大樹院真覚英性大禅定門　元和元寅年五月初七日　西尾氏立之」の銘が刻まれている。大樹院とは信繁の法号である。慶長二十年七月に年号が変わり、元和元年となった。石碑や墓碑の年号などで、その年に改号があれば、その後の年号を刻むことはよくある。

西尾家ではその下に信繁の鎧袖を埋めたと伝わり、代々信繁の菩提を弔ったという。現在、地蔵は福井市立郷土歴史博物館で保管されている。西尾はその後、七百石から千石に加増されたという。

平成二十七（二〇一五）年春、大阪城天守閣の特別展において、越前に伝わる真田地蔵と西尾が越前藩主に献上した、信繁の血染めの采配を見る機会を得た。「大坂夏の陣図屏風」でも信繁は、馬上、采配をふるっている姿が描かれている。通常非公開なので、以前、福井市を訪れた際にも見ることが出来なかった物を、ちょうど、本稿を執筆中に大阪で見ることが出来、感無量だった。

当時の資料は、以下のように信繁の死を今に伝えている。

「真田左衛門佐於合戦場討死、古今無之大手柄、首ハ越前宰相殿鉄炮頭取申候、乍去手負候て、草臥伏て被居候を取候付、手柄ニも不成候」（「綿考輯録」肥後細川家の家史）

「猶々昨日午之刻より今日四つ時分迄、火手爰元へも相見え申候、又後藤又兵衛、明石掃部、真田何も討死仕由申候、（略）七日之午刻、大坂落城致候（略）

五月八日　板倉伊賀守」（板倉勝重書状江戸幕閣宛　徳川美術館所蔵）

五月七日、天王寺口の戦いに勝利した徳川方に、攻め込まれた大坂城は燃えあがり、千畳敷の大広間では、郡主馬父子はじめ多くの武将たちが自刃し、あるいは落ち延びる手筈をしと、阿鼻叫喚の巷と化していた。もはや、城内は統率するものがいず、大混乱に陥っていた。火の手が城内に回る。

信繁に出陣の要請を受けた秀頼は、太閤秀吉伝来の戦さ装束に身を固め、桜門（正門）まで出てきたものの、時すでに遅く、真田軍崩壊の報を受けた。

秀頼は千畳敷、次いで天守閣で自害を考えるものの、速水甲斐守守久ら側近に秘策があると押しとどめられた。側近たちは秀頼正室の千姫を父、秀忠のもとに送り、秀頼、淀母子の命乞いをさせようとした。秀頼たちは城内最北の芦田曲輪（現、天守閣の北側、山里丸付近）の朱三矢倉で一夜を過ごした。（「覚書」）大坂城内の地理的に言っても、南の本丸御殿、天守閣が焼け落ちていることから、生き残りの者たちが、より北側の蔵の中に居たであろうことは確かだろう。

幸い、千姫は大坂城外に出、岡山に布陣していた秀忠のもとに無事に送り届けられた。千姫は父に、夫と姑の命乞いを願うものの、徳川方の返答は、秀頼たちがいる芦田曲輪を銃撃することだった。

五月八日、ついに秀頼、淀は自害し、矢倉内に火を放った。（午後二時頃）新暦で言うなら六月下旬、大坂は暑い。側近たちも共に死を選んだ。「覚書」は、その折の情景を伝えている。

「門を閉内へ入とひとしく、念仏称名の声々同音ニ聞へ、外よりは鉄炮を打ちかけ、秀頼公　淀殿惣て男女三《ママ》十余人、五月八日の未（午）之刻ニ御自害也。秀頼公は今年廿三歳ニ而、淀殿は三十九歳也」

淀の墓は大阪市北区太融寺にある。江戸期に大坂城のすぐ東側、弁天島にあった墓が、明治期、その場所に陸軍の練兵所が造られることになり、移転したものである。

秀頼の銅像は最近、造られたが、墓は存在しない。

信繁の長男、大助幸昌は、父の「我必す此戦場ニ而討死すべし、汝は城へ帰り秀頼公御最期の御共せよ」という遺言を実行した。

「矢倉の内は人ごみ也とて、広庭ニ藁を敷、きのふの昼より物をも喰ハず御最期を罷在候」（「覚書」）

家康の側近、金地院崇伝は日記に
「同八日大坂城中之焼残之唐物倉ニ、秀頼并御袋・大野修理・早水甲斐守以下、付女中衆余多籠居乞降、伊々掃部・安藤対馬為検使相詰、倉へ鉄炮放掛、何も不残生害、火掛也、同日、大御所様御帰洛也」
と、記している（「本光国師日記　元和元年五月八日」）。
また、伊達政宗は小野に宛てた書状に下記のように記している。
「（略）七日に大さかことことくやふれ候て、八日のあさまで、ひてより、又御ふくろもやけのこりのどぞうニはいり御さ候、おはらをきらせ御申候、御ふくろもかねての御くちほとなく候て、むさと御はて候（略）五月十八日」（「伊達政宗記録事蹟考記」東京大学史料編纂所蔵）
政宗は八日の朝までに、秀頼と淀が焼け残りの土蔵に入り、その後、自害したと伝えた。

その後

大坂の陣以後、徳川幕府の支配の下、この国に平和で安定した世の中が訪れ、戦国時代は終わりを告げた。江戸期の大坂の町は、「天下の台所」と呼ばれ、経済都市として繁栄した。「天下の貨七分は浪華にあり」（「九桂草堂随筆」広瀬旭荘）と言われたものである。

太平の眠りをさましたのは、ペリー来航であった。その後、攘夷の機運が高まり、文久三（一八六三）年四月、十四代将軍徳川家茂は大勢の家来を率いて、上方にやってくる。摂海防備（大坂湾）のためである。当時、幕末の騒乱の中、攘夷が叫ばれていた。

孝明帝の妹、和宮の嫁下と引き換えに攘夷実行を約した家茂は、五月十日を攘夷期限とした。五月十日以降、西洋列強と戦争になるやもしれぬ状況の中、大坂城に将軍としては二百五十年ぶりに来坂した家茂である。

文久三年五月七日、朝から玉造御蔵で武器視察や、大坂城内で銃撃調練視察などを終えた家茂は、夕暮れ時、天守台に登って大坂城下を眺めている（江戸初期建造の天守閣は落雷で炎上、その後、再建は昭和初期）。

歴代徳川将軍の動向を記した「続徳川実紀　第四編　昭徳院殿御実紀」文久三年五月七日に、以下のような記載がある。

「夕刻御天守臺江被為入。所々御遠見。今日華城落城之日。難波夏御陣之儀被ニ思召出。今日斯ル邊江参り候事不思議之事と。彼是被ニ思召。御沙汰有之。戦場之御噺出申候。御戻懸。同所黄金水頂戴。一同暑さ凌申候」

大坂夏の陣で落城したその日に、家茂は自分が大坂城（浪華城《なにわ》）に居て、当時の秀頼と同じく戦さの準備に追われているのを「不思議のこと」と、感じている。いずれも負け戦さを覚悟しての戦支度である。三年後、家茂は大坂城内で病死する。享年二十一歳。城主が大坂城内で亡くなったのは、秀頼と家茂のみである。

大坂城が築かれて以来四百三十年。大坂夏の陣、戊辰戦争、第二次世界大戦と、城は三度兵火に焼かれ、三度とも復興をはたしている。大阪城は、大阪のシンボルであり続けている。

「真田《さなだ》左衛門佐《さえもんのすけ》豊臣《とよとみの》信繁《のぶしげ》」の諱についてである。本人は、親族や知り合い宛ての書状に「信繁」名で署名している。ただ、今回、「大阪市史料編　第五巻」でかなりの数の大坂の陣関連の史料を見たが、「信繁」名で書かれているものは一つもない。大部分は「真田」の姓のみか、「真田左衛門（佐）」という姓＋官名で呼んでいる。「大坂御陣覚書」には「幸直」、「大坂陣日記」には「信次」という名で一、二度登場するが、こちらもほとんどの表記が真田左衛門佐である。

寛文十二（一六七二）年に書かれた「難波戦記」という軍記物の中で「真田幸村」が登場し、これが大人気となったことから、「真田幸村」名が一般に、広く流布したと言われている。「大阪市史料編　第五巻」の中に、一カ所のみ、「綿考輯録」（一七八二年成立、肥後細川家の家史）の中で真田大助は「真田幸村の長男」として、幸村の名が登場する。

慶長五（一六〇〇）年三月十三日に、真田昌幸が長男信幸に宛てた書状を見る機会があった（平成二十七〈二〇一五〉年春、大阪城天守閣）。伏見から大坂に引っ越す支度をしているという書状だが、その中に次男も登場するが、全て、官名である。自分、昌幸は安房守、長男は伊豆守、次男は左衛門佐、家康は「内府《だいふ》様」と書かれている。この時代、書状には親子でも官名で書くのかと思った次第である。周りの者は信繁の諱を知らず、本人もあえて表に出さなかったのではないか。

信繁の評価は、大坂の陣当時から非常に高かった。有名なのは、「薩藩旧記雑録後編」（鹿児島県史料）に登場する記述である。

「五月七日ニ　御所様之御陣へ真田左衛門仕かかり候て、御陳衆追ちらし討捕申候、御陳衆三里ほとつつにけ候衆ハ皆々いきのこられ候、三度めニさなたもうち死ニて候、真田日本一之兵《ひのもといちのつわもの》、いにしへよりの物語ニも無之由、惣別これのみ申事ニ候」

和歌山・大阪での、真田信繁の足跡をたどる

高野山・九度山

（南海高野線　難波駅）〜（九度山駅）…真田庵…（九度山駅から高野山山上駅まで南海　駅からバス）
—華定院—金剛峯寺《こんごうぶじ》—奥ノ院（武田信玄、上杉謙信、豊臣秀吉らの墓碑）—（高野山山上駅）—（難波駅）
（〜電車　—バス　…徒歩）

慶長五（一六〇〇）年、関ヶ原の戦い後、真田昌幸・信繁父子が蟄居生活を送った高野山付近を旅してみよう。大阪から日帰りができるが、ぜひ、山内の宿坊に宿泊してみられることをお勧めする。できれば、信繁が暮らした蓮華定院がいい。二日あれば、高野山の奥深くまで、探索できる。

南海線の難波駅から、高野線の橋本行きに乗って、急行で約一時間、橋本駅で乗り換え、三十分ほどで九度山駅に着く。（一時間に二本程度）九度山駅は無人駅である。駅にある地図をもらっておこう。

駅から西北へ坂道を下って行くと、九度山の町中に出る。十分ほど歩くと、「真田の抜け穴」と

29　「芽城録」（大阪市）

真田昌幸の墓（上）、九度山真田の井戸（下）

言われる史跡がある。穴には違いないが、今では、これは古墳の横穴であることが分かっている。地上を覆う石組みはすでに無くなっていて、穴のみがあり、いつしか、「真田の抜け穴」と呼ばれるようになった。

抜け穴史跡から五分ほど歩くと、善名称院（通称真田庵）に着く。地元の言い伝えでは、この地に真田昌幸・信繁ら家族が移り住み、屋敷を構えていたという。当地で、父昌幸が無くなり、墓が建てられた。その後、信繁や家臣たちは大坂へ出陣していく。

信繁の死後、厳しい落ち武者狩りがあり、屋敷は荒れ、放置されていた。村人たちも手をつけず、屋敷跡は昌幸の墓を残したまま、捨て置かれていたのを、百五十年後、寛保元（一七四一）年大安上人が当地に善名称院を建て、今に至る。ここ何代か、尼寺とのことである。

境内には、真田家関連の石碑や銘板が多数あり、ファンにはうれしい場所だ。

昌幸の墓が現存する。蟄居生活を送っていた真田家の当主らしく、質素な墓碑である。他にも真田神社や「真田幸村」名の石碑、近代になって、昌幸の追善供養を行った際の記念碑、家臣たちの墓碑と、石碑群が一カ所に集められている。

境内に真田資料館があり、昌幸や信繁らゆかりの者たちの遺品が展示されている。

また、与謝蕪村の真田信繁を偲んだ句碑も建っている。蕪村は摂州東成郡毛馬村、大坂城のすぐ近くで生まれた（現・大阪市都島区毛馬）。

「かくれ住んで花に真田が謡かな」

「炬燵して語れ真田が冬の陣」

真田庵から北へ徒歩五分、商店街にある招福庵は、店内全てが真田グッズというお店で、土産探しには最適だ。九度山では毎年五月に「真田祭」が行われ、武将行列があり、大勢の観光客でにぎわう。

九度山真田庵蕪村句碑

九度山駅から南海電車に乗り、極楽橋駅で下車、ケーブルに乗り換え、数分足らずで高野山山上駅に着く。この辺りで、標高九〇〇メートルになる。和歌山県は温暖な土地だが、さすがに高野山は夏は涼しく、冬は雪が降り、寒さが厳しい。しかし、雪の高野山も人が少なく、なかなかいい風情である。

山上駅からバスに乗り、街中に向かおう。高野山の町は山上の台地に広がる町で、百カ所以上の寺院がある。墓の数は二十万基はあり、今も増え続けている。宿坊があり、レストランがあり、土産物店も多く並んでいる。世界遺産になったことから、外国人の姿も多い。古くから続く宗教都市ということで、人気がある。

平成二十七（二〇一五）年は空海が高野山を開創してから千二百年の年にあたり、大いににぎわっていた。

駅からバスに乗って二十分ほど、バス停一心口で下車。街中の繁華な場所より手前（西側）、町の入り口付近である。バス停のすぐ北に蓮華定院がある。寺紋は六文銭（六連銭）と結《むす》び雁金《かりがね》である。真田家の家紋だが、六文銭は信之・信繁以降、昌幸までは結び雁金だという。九度山に伝わる話では、信繁が初陣の折、敵の中に永楽通宝を旗印にしている武将が居て、信繁がその旗と同じものを六本作り、敵方に攻めていった。敵は、味方の謀反かと思い、大混乱に陥り、見事戦さは真田方の勝利に終わったという。父昌幸は、それ以降、信繁に六文銭の旗印を許したとのことだ。もちろん、六文銭が三途の川の渡銭で、決死を覚悟した武士の心意気、ということもあっただろう。大阪市平野区にある志喜長吉神社には、信繁が戦勝祈願に奉納したと伝わる軍旗が現存する。それには、六文銭の輪の中に「永楽通宝」の文字が描かれている。

高野山には戦国大名家ゆかりの寺が多い。例えば、小坂坊持明院というお寺は、武田家や京極家、浅井家にゆかりがあり、京極家に嫁入りした浅井長政の娘、初が母の菩提を弔うために寄進したという「浅井長政婦人　一幅」が伝わっている（重要文化財）。初はお市の方の次女で、淀の妹にあたる。夫の死後、常高院と呼ばれ、大坂冬の陣の和睦交渉に活躍した。精緻な模造ながら、お市の絵姿が掛けられた部屋があり、戦国一の美女を眺めることができる。

また、秀吉が亡母追善のため建立した金剛峯寺は、関白豊臣秀次（秀吉の甥、後に養子）が自害した寺である。本坊は文久三（一八六三）年に再建されたものの、秀次が自刃した柳の間が公開されている。再建の際には、設計図通りに造られるので、雰囲気は十分伝わる。

真田坊蓮華定院は建久年間（一一九〇年頃）、行勝上人により創建された。松代真田家（兄「信之」の家系）の菩提寺である。高野山の歴史は千二百年と長いが、案外、建物の古い物は残っていない。幸い兵火はなかったが、標高が高いだけに落雷に遭うことも多い。

蓮華定院山門

真田家墓所

蓮華定院の建物も、現存するのは真田家より寄進を受けた万延元（一八六〇）年の再建だ。寺の裏側に松代真田家の初代・二代目の墓所がある。お寺の方に声をかけて、お参りさせていただこう。かって右手の戸を開けて、寺の裏に回り、すぐ右手に二基の大きな五輪塔がある。向かって右が信幸の墓だ。信幸は、真田家ゆかりの

「幸」の字を「之」に改名したが、この墓には「信幸」と刻まれている。向かって左の墓は、二代目で信繁には甥にあたる「信政」の墓である。

蓮華定院には信繁の直筆の書状が伝わる。筆者は平成二十六（二〇一四）年に、大阪の展示会で実物を見たことがある。ここは宿坊でもあるので、真田家ゆかりの寺に泊まることができる。

蓮華定院の近くには、徳川家初代から三代までの廟がある。また、バス停からさらに、高野山の奥深くへ行ってみよう。金剛峯寺や空海ゆかりの寺も多い。奥の院には、高い高野杉の木立の中に戦国武将の墓碑が数多くならび、荘厳な雰囲気を醸し出している。

大阪市内の真田信繁の史跡をめぐる

（地下鉄・京阪　天満橋駅）…大阪城内…越中井…玉造稲荷神社…真田丸跡…円珠庵…心眼寺…三光神社…（地下鉄　玉造駅）～（地下鉄　夕陽丘駅）…安居神社…一心寺…統国寺…茶臼山…（地下鉄天王寺駅）～（地下鉄　長原駅）…志喜長吉神社…（地下鉄　長原駅）

天満橋駅から大阪城京橋口を通り、城内に入ろう。堀沿いに沿って歩くと、豊臣期には屋根つきの豪華絢爛な橋だったと伝わる極楽橋に着く。この橋を渡ると、天守閣の裏側に出てくる。この辺り、現在、山里丸と呼ばれている。慶長二十（一六一五）年五月八日、秀頼やおふくろ様こと、淀殿、臣下の者や女官たち二十数名がここで自害した。

「豊臣秀頼　淀殿ら自刃の地」の石碑が建っている。また、天守閣に向かう階段の右手の石垣上に、聖観音像が安置されている。そこには、秀頼と運命を共にした者たちの名が記されている。

天守閣近くは刻印石広場となっている。徳川期の城再建の折、石垣には組み込まれなかった石で、刻印のある物が集められている。

現在の大阪城は徳川期の再建である。豊臣期の城はきれいに埋められ、地下三〜四メートル程度まで掘ると、石垣が出てくる。現在の天守閣も土台は徳川期のものである。現存する天守閣は、徳川期の土台の上に昭和六（一九三一）年、市民の寄付により建造されたコンクリート製で、それゆえ、空襲を耐えた。

大阪城天守閣（上）
秀頼自刃の地の石碑（下）

ところで、黒田官兵衛が縄張りした豊臣期の天守閣の位置は、現在の天守閣の東隣にあった。もっと、堀に近い側だ。天守閣に登って、東側を見下ろすと、四角の茶色い面がすぐ隣に見える。天守閣正面の向かって右側に立って、下から見上げると、こんもりとした森のようになっている。

冬の陣の折、城の堀の東側から大筒で射撃したところ、天守閣に直撃し、城内の女官たちが恐れたと言われている。豊臣期の建造（一五八三年）から三十年が経ち、それだけ攻撃する火器の性能が上がったわけだ。徳川方は開戦前にイギリスから武器を購入しているので、舶来の大筒だったのかもしれない。それゆえ、徳川期の再建の際は、豊臣期の天守閣よりも内側に堀から離して、天守閣を建造した（その後、再建された天守閣は落雷で焼失）。


天守閣の前方には、かつては本丸御殿があった。城を建造した大工頭、中井家の文書（重要文化財）から豊臣期と徳川期の本丸の詳しい設計図が今に伝わっている。秀吉や北政所の風呂場や寝所がわかるのだ。

また、慶応二（一八六六）年七月二十日、脚気で亡くなった十四代将軍、徳川家茂の終焉の地も特定できる（将軍の奥御殿、銅《あかがね》御殿）。

徳川期の素晴らしく豪華だった本丸御殿は、鳥羽伏見の戦い後、兵火に焼かれた。内部の幕臣が火を放ったとも、長州藩の撃った大砲で燃えたとも言われている。幕末期にここで十五代将軍、徳川慶喜が各国公使団と謁見し、その際の広間のイラストが外国の新聞に掲載されている。

明治になって、紀州藩の二の丸御殿が当所に移転され、明治帝の行幸の際に使用された。現在、桜門近くに日本庭園があるが、庭園もそのころに作られた。この御殿は空襲を免れたものの、進駐軍に接収され、その後、失火により焼失した。現在、本丸御殿跡は本丸公園となっている。

城の正門である桜門を出て、大手門を過ぎ、大阪城公園の南側（中央大通りの方）に向かって歩こう。公園を出て、右手（西側）に進み、「ピースおおさか」の建物を越えて、中央大通りを渡る。そのまま、南下すると、道路の真ん中にこんもりとした植え込みがある。「越中井」だ。このあたり、戦国時代は細川越中守忠興の屋敷があった。越中井はその台所跡と伝わる。

関ヶ原の戦いの前、石田三成は大坂在住の徳川方の大名の妻たちを、大坂城内に入れようとした。たとえば、黒田官兵衛の妻、てるは家臣の手によって、大坂から逃れた。しかし、細川忠興の妻、玉《たま》（ガラシャ）は、三成の命に従うよりはと、自害の道を選んだ。キリスト教徒ゆえ、自刃することができず、家臣に自らを斬らせ、屋敷に火を放った。ここは、その屋敷跡である。

井戸の前の石碑にガラシャの残した辞世が刻まれている。小泉純一郎氏が首相を辞する際に引用して、再び注目された。石碑の書は、新島襄の一番弟子だった徳富蘇峰である。

「散りぬべき　時知りてこそ　世の中の　花も花なれ　人も人なれ」

越中井のすぐ前、越中公園の前を南下すると、カトリックの玉造教会がある。細川ガラシャ、高山右近らの業績を示す銘板や、銅像が設置されている。教会の中には堂本印象が描いたガラシャや右近の絵が掲げられている。

玉造教会の正面から出て左折し、そのまままっすぐ歩くと、玉造稲荷神社だ。階段を上がると、大きな豊臣秀頼像（中村晋也氏作）が見えてくる。その向かって左側に足元が折れた石の鳥居が置

玉造稲荷・豊臣秀頼像

かれている。玉造稲荷は秀頼が寄進し、再建された神社で、この石の鳥居には慶長八（一六〇三）年の銘が刻まれている。残念なことに、平成七（一九九五）年の阪神・淡路大震災の際に、足元が折れてしまった。また、石の鳥居と並んで、秀頼の胞衣《えな》塚がある。

玉造稲荷から南下しよう。玉造公園付近は、千利休の屋敷跡と伝わる。公園を抜けて、西へ向かう。大阪女学院の大きな建物の前に出る。この付近、前田利家の屋敷跡だ。大坂女学院を改築する際、加賀前田藩の家紋入りの瓦が出土した。正門前の道を南下する。

南への道は険しい坂になっていて、かなり高低差がある。坂のすぐ下に見える大通りは現代にできた道で、その二つ向こうに見える赤茶色の舗装がしてある東西の道が、大坂城惣構《そうがまえ》南堀跡になる。いわゆる空堀で、ここまでが豊臣期なら城内だ。さて、問題になるのは真田丸の場所だ。真田丸は出城で、惣構南堀よりも南側にあたる。大坂女学院正門前付近から南を見下ろすと、四百年前なら、眼下に真田丸が一望できたであろう。

では、真田丸跡に向かってみよう。長堀通を渡り、心眼寺坂の方へ向かう。どんどろ大師（善福寺）があるが、寺の前から右手（西）に折れる。明星学園の建物が見えてくる。江戸初期、貞享四（一六八七）年に出された「新撰増補摂州大坂大絵図」という古地図があり、その古地図によると、明星学園のある場所一帯が、かつて真田丸のあった場所だ。そこには、心眼寺の西側に「真田曲輪《ぐるわ》」の表記がある。その頃はまだ、何らかの出丸の遺構があったのかもしれない。住所は天王寺区餌差町五の四四付近だ。江戸中期以降、古地図の表記は単に「真田山」となり、山の絵が描かれている地図もある。出丸の遺構は完全に無くなったのだろう。

明星学園に沿って、ぐるっと一回りしてみよう。真田丸は百間四方（約一八〇メートル）、もしくは二町（一町は一〇〇メートル）ばかりと、資料に出てくる。ほぼ学園の周囲に当てはまる。学園の敷地にそって南下すると、南角、通りの向こう側に円珠庵というお寺がある。ここは、「釜八幡」という別名で有名なお寺だ。寺伝によると、信繁はこの寺にある榎の大木に釜を打ちつけて、必勝祈願をしたという。

明星学園の南側から、南へ向かって傾斜になっている。慶長二十年十二月四日未明、徳川方の越前兵、彦根兵、加賀兵などがこの傾斜を真田丸に向かって、押し寄せた。

明星学園に沿って、心眼寺坂を北上する。右手に心眼寺の山門が見えてくる。山門前に「真田幸村出丸城跡」の石碑が建つ。心眼寺坂一帯はかつて小橋《おばせ》寺町と呼ばれたぐらい寺が多い。真田山心眼寺の創建は元和八（一六二二）年で、寺伝によると、真田丸の壊された跡（東側）に寺を建てたとある。心眼寺の辺りが真田丸の東端になる。

心眼寺は浄土宗の寺で、真田信繁・大助父子の冥福を祈るために建てられた。江戸期には徳川家をはばかり、小さな祠を建てて、供養していたという。しかし、その後も信繁の墓が建てられることはなかった。

そこで、平成二十六（二〇一四）年、御住職にお願いして、境内に「従五位下　真田左衛門佐《さなださえもんのすけ》豊臣信繁《とよとみののぶしげ》之墓」の墓碑を建立させていただいた。この年は信繁の四百回忌にあたる。四百年前を偲び、信繁はじめ大坂の陣で亡くなった兵たちの供養になればと願う。御住職のご厚意は、本当にありがたく、深く感謝している。

心眼寺から、北へ戻ってすぐの道を右折、東へ向かう。右手に公園があり、宰相山西公園とある。

心眼寺・出丸跡碑

真田信繁の墓（上・下）

ここは真田山の東側、江戸期は宰相山と呼ばれていた（この山にある陸軍墓地が「真田山陸軍墓地」なので、紛らわしい）。「宰相」とは、加賀宰相前田利常のことで、徳川方になる。宰相山に三光神社があり、采配を振る「真田幸村」像が設置されている。また、「真田の抜け穴」と呼ばれる洞穴がある。現在は柵があり、中へ入れないが、以前は入れたそうだ。穴の長さは二〜三メートルとのことである。

三光神社から、JR・地下鉄玉造駅はすぐだ。駅の近くの商店街の路地に「幸村ロード」と名付けられた楽しい小道がある。真田幸村と真田十勇士のイラスト風の人形型の看板が設置されている。

地下鉄で夕陽丘駅に向かおう。駅から谷町筋を南下する。左側（東）には四天王寺がある。寺の西門は石造りで、鎌倉時代の物だという。春分・秋分の日の日没時に、四天王寺側から西方を見ると、この西門の上部の箱型の中に、見事に夕日が入る光景が見られる。当日、寺から大勢の僧侶が出てこられ、夕日を見ながら読経をされる。なかなか荘厳な雰囲気である。

「大坂夏の陣図屛風」に、四天王寺西門前付近で鹿角のついた兜をかぶり、騎乗して指揮を執る信繁の姿が描かれている。真田軍の軍装は、赤備えだ。

谷町筋から西門の前の道を右手（西側）に曲がり、しばらく歩くと、安居神社の看板が見えてくる。向かい側は一心寺だ。安居神社は、江戸期、安居天神と言い、真田信繁終焉の地である。参道を登っていくと、社殿の向かって右手に「真田幸村戦死跡之碑」と坐像が設置されている。

道路を挟んだ向かい側、一心寺は徳川家ゆかりの寺である。慶長五（一六〇〇）年、家康が大坂

安居神社・真田幸村戦死跡の碑

一心寺・本田忠朝墓

に居た際に、六歳で亡くなった八男仙千代の墓が現存する。家康は仙千代の戒名、「高岳院」を一心寺の院号にする。また、「坂松山」という山号を与え、家康自ら「坂松山」と書いた大額が現存する。夏の陣の際、真田軍に追い詰められた家康が一心寺に隠れたとも伝わる。

また、大坂夏の陣で亡くなった本多出雲守忠朝《ただとも》の大きな五輪塔の墓もある。忠朝の姉、小松姫は信之の正室である。忠朝は徳川方で亡くなった武将の中で、最も有名な人物である。酒好きで、冬の陣の際、飲み過ぎて家康に叱責された。夏の陣では奮起し、先陣を切って戦い、天王寺口で討死した。亡くなる際に、「酒のために身を誤るものを助けん。」と配下の者に告げたと言い、現在も、一心寺の忠朝の墓の周りには断酒を願う者が書いたしゃもじが、たくさんぶら下げられている。

忠朝の墓の隣には、嘉永七（一八五四）年、大坂道頓堀で自刃した八代目市川団十郎の墓がある。また、会津藩墓所もあり、鳥羽伏見の戦いで亡くなった会津藩士関連の墓が一二基集められている。元和元年（一六一五）五月七日に亡くなった原治兵衛の墓碑は、幕末、一心寺を本陣にした会津藩士で原の子孫の方が、先祖供養のために建立した墓である。

一心寺から谷町筋を南下すると、右手（西側）には茶臼山が見える。堀越神社の真裏が茶臼山にあたる。途中、右手に統国寺に入る道路がある。統国寺のテラスから、茶臼山の全景が見渡せる。谷町筋をはさんだ向かい側に、庚申堂の方（東側）へ向かう看板が出てくる。この庚申堂の門前のラインから南側（JR天王寺駅方面）が徳川方、北側（四天王寺側）が豊臣方の陣地となり、慶長二十（一六一五）年五月七日にこのラインをはさんで、夏の陣、最後の激闘が行われた。

さらに南進して、天王寺公園の入り口付近に出る。茶臼山上に、冬の陣では家康が、夏の陣では信繁が本陣を置いた。通常、茶臼山に登るには、天王寺公園内の大阪市立美術館向かって左手から降りて、池の周囲を周り、階段と山道を登る。山上は平らで、四百年前に死闘を繰り広げた武将たちの夢の跡を見る思いだ。一心寺側に下りると、広場そばに「大坂の陣史跡　茶臼山　冬の陣　徳川家康本陣跡　夏の陣　真田幸村本陣跡」の現代風な石碑が建立されている。

大坂の陣茶臼山史跡碑（上）
茶臼山を登ると（下）

地下鉄天王寺駅から谷町線に乗り、長原

志喜長吉神社（上）同神社にある真田休息の碑（下左）同神社近くの休憩所跡（同右）

駅に向かう。駅から南へ徒歩五分、志喜長吉神社がある。この神社の大鳥居の前付近（古市街道沿い）で、道明寺の戦いから帰還途中の真田軍が休息した。近くに神社があることから、戦勝祈願をしようということになり、志喜長吉神社に六文銭の軍旗と刀を奉納し、次戦の勝利を願った。刀は第二次世界大戦中、供出したが、幸い、軍旗は現存する。正月と五月初旬に一般公開されている。ここから、地下鉄の駅にもどる。

大坂冬の陣　今福・鴫野の戦跡をめぐる

（JR・地下鉄鴫野駅）…白山《しらやま》神社…城東小学校（鴫野《しぎの》古戦場跡の碑）…新喜多《しぎた》会所…古堤《こてい》街道（今福《いまふく》・堤《つつみ》）…若宮八幡大神宮…古堤街道…三郷橋《さんごうばし》稲荷大神（今福・蒲生《がもう》の戦い跡の碑）…城東商店街（今福・蒲生の戦い跡の看板）…（地下鉄蒲生四丁目駅）

鴫野駅から今里筋を南下する。十五分ほど歩くと、右手（西側）に曲がり、中浜小学校の前をもう少し西へ歩くと、白山神社に着く。白山神社は大坂城に一番近い神社だ。織田信長と大坂（石山）本願寺との戦いの際、社殿が焼失した。その後、秀頼が社殿を寄進し、現在も四百年前の社殿が残る（本殿に向かって左側。三つ並んでいる社殿の向かって一番右側）。

冬の陣の折、徳川四天王のひとり、本多忠勝の次男、出雲守忠朝が当社に本陣を置いた。また、当社には大阪府指定の天然記念物である大銀杏の木がある。忠朝がこの木に登り、大坂城内の物見をしたと伝わる。

鳥居を出て、右手（北側）に歩く。しばらく行くと、左手に大きな駐車場がある。ここで、振り返って見ることをお勧めする。大阪城の天守閣が見える。

鴫野駅の方へ向かい、今里筋線を越え、商店街をつっきると城東小学校の裏側に出る。校庭内に大正時代に建立された「鴫野古戦場跡」、平成二十六年十一月に冬の陣から四百年を記念して建立された新しい「大坂冬の陣」の石碑が並んで立つ。

向かいの八劔神社では、上杉景勝が布陣したと伝わる。また、当社には徳川期に再建された際に使用されなかった石材が置かれている。刻印が刻まれている石もある。

鴫野古戦場跡の碑

鴫野合戦四百年記念碑

旧鴫野村を後にして、今里筋線を北進する。寝屋川にかかる新喜多大橋の手前の細道を右手（東側）に進むと、「新喜多新田会所跡」の石碑が見える。この旧新喜多村は宝永元（一七〇四）年に旧大和川が埋め立てられてできた新田開発の跡だ。鴻池新十郎、鴻池喜七、今木屋多兵衛が新田開発を行い、三名の名の頭文字を取って、「新喜多」と命名された。会所は明治期の建物だが、大阪市内に残る数少ない会所の建物である。川跡に村が新しくできるほど、旧大和川は大きな川だった。

新喜多大橋に戻って寝屋川を渡り、三つ目の信号を左手に渡る。旧鯰江川の土手（今福堤）沿いに、西へ進む。この堤をさらに西へ進むと、今でもＪＲ京橋駅の横（都島区東野田町）を通って、大阪城京橋口に続く。明治・大正期には野田、古堤街道と呼ばれ、古くは今福堤であったと、「東成郡誌」は記している。逆に東へ進むと野崎街道となり、大和へ続く。摂州の古地図には大和道と総称されている。

五分ほど古堤街道を西へ歩くと、右手に若宮八幡大神宮に下りる道がある。この辺り、旧蒲生村だ。若宮八幡大神宮には、佐竹義宣が本陣を置いた。境内に「大坂夏の陣　佐竹義宣本陣跡」の石碑が建つ。ただ、ここに義宣が本陣を置いたのは、冬の陣の時である。

再び、坂道を古堤街道の方に登り、東へ戻る。今里筋を越えて、十分ほど堤を歩くと、城東診療所の前に三郷橋稲荷大神の鳥居が見えてくる。旧今福村だ。今福堤とは、この今福村へと続く堤のことであろう。

平成二十七（二〇一五）年三月に、この三郷橋稲荷の鳥居の向かって右側に「大坂冬の陣古戦場

「後藤基次　木村重成
奮戦の地跡」碑

「大坂冬の陣古戦場・
今福・蒲生の戦いの跡」碑

跡　今福・蒲生の戦い」の石碑と銘板を建立させていただいた。石碑建立にご協力いただいた地域の皆様に、心からの謝意を表する。

　石碑の向かって右側面には、「後藤基次　木村重成　奮戦の地跡」と刻んだ。四百年前を偲んで、ここ旧今福村、旧蒲生村で亡くなった方々の供養になればと願う。「今福に御出でよ」（覚書）と叫んだ木村長門守に旧今福村の住人が、少しでも応えられたら幸いである。

　三郷橋稲荷から古堤街道を少し戻り、右側の坂を下りて、北へ向かう。城東商店街には「今福・蒲生の戦い跡」を示す看板が設置されている。商店街を通り抜けると、地下鉄蒲生四丁目駅である。

〈参考文献〉

『真田信繁書状』蓮華定院、小山田恒雄氏所蔵
大阪市史料編纂所編集『大坂御陣覚書』大阪市史料調査会
広瀬旭荘『九桂草堂随筆』国立国会図書館所蔵
『続徳川実紀　第四編　昭徳院殿御実紀』吉川弘文館

『東成郡誌』大阪府東成郡役所編集　名著出版
『大坂の陣　ゆかりの地　朱印めぐり』産経新聞社総合企画室
『大坂の陣四〇〇年記念特別展　豊臣と徳川』図録　大阪城天守閣
『慶長十九年甲寅大坂絵図』中井正知・正純所蔵「天下の城下町大坂と江戸」目録　大阪歴史博物館に収録
以下の資料は、大阪市資料調査会編集『大阪市史　史料編第五巻』大阪市史編纂所に収録
『高松戸村書簡』国立公文書館所蔵
『木村重成書簡』「古今消息集」国立公文書館所蔵、
『大坂陣日記』大阪市立中央図書館蔵
『薩藩旧記雑録後編』鹿児島県史料
『山本八右衛門和定書状』『石原家文書』大日本史料
『綿考輯録』出水叢書
『板倉勝重書状』徳川美術館所蔵
『本光国師日記』南禅寺金地院所蔵
『伊達政宗記録事蹟考記』東京大学史料編纂所蔵

長野・松代を歩く（長野市）

高橋美智子

善光寺平

川中島の戦いの主だった戦闘は五回に及ぶとされ、第一次合戦から第五次合戦の十二年間にわたり繰り広げられた北信濃の支配権をめぐる争いであった。これら戦いの中でも第四次川中島合戦の八幡原の戦いが最も大規模で、両軍の兵士が入り乱れての白兵戦となり激しい斬り合いが行われた。両軍合わせて七千名を超える戦死者がでたとされている。この戦いを描写するにあたり、武田氏の戦略戦術を記録した軍学書である「甲陽軍鑑」を参考にすることになるが、記述内容は武田方から見たもので史実を正確に反映したものかどうか定かではない。

関東管領職に就任した上杉政虎（謙信）からすれば、関東制圧をもくろむうえで背後の信越国境を固める必要がある。そのために武田方の前衛拠点の海津城を占拠する必要があった。これが合戦の発端である。関東管領就任の翌年、永禄三年（一五六〇）八月十五日、春日山城を出立して善光寺平に至り、荷駄隊二千と兵三千を善光寺に駐留させた。自らは兵一万三千を率いて海津城西方二キロの妻女山に帯陣する。これに遅れて武田方は兵二万を引き連れて八月十六日に甲府を出立し、千曲川に沿って北進し、二十四日に妻女山から北西五キロの茶臼山に布陣した後、隊列を整え川中

川中島・八幡原史跡公園

島の八幡平を横切り二十九日に海津城に入城したとされている。
　両軍のにらみ合いは、八月二十九日から九月九日まで続いたが、深夜になり状況が一変する。武田方は長対陣による士気の低下を恐れて行動を開始した。上杉方は海津城に立ち上る炊煙の変化から動きを察知し先に行動を開始する。武田方は山本勘助と馬場信房の作戦に従い一万二千の別働隊を編成しこれを妻女山へ向かわせた。残りの八千が信玄の率いる本隊であり、海津城を出て千曲川を渡り八幡原に布陣した。妻女山の上杉軍に山裾より攻撃を加えて妻女山の北側斜面を下山させ、千曲川を越えさせて武田軍本隊の待ちうける八幡原に向けて追い上げて挟み撃ちにする戦法である。これを武田方は「啄木鳥《きつつき》の戦法」と呼んだ。これに対し、上杉方は武田方に先んじて気づかれることなく静かに妻女山を下り、雨宮の渡しから千曲川を渡河した。頼山陽の漢詩の第一句目の「鞭聲粛々《べんせいしゅくしゅく》夜河を過る」が、この情景を描写している。午前八時頃、川中島一帯の霧が晴れて見通しが効くようになると、武田本隊は自分達の前方に上杉方の布陣を認め、意外な事態に驚き急ぎ陣形を鶴翼の陣に配置換えをし体制を整えた。鶴翼の陣とは、鶴が羽根を広げたように中央の兵を後方にさげ左右両側が前方に突出する隊形とし、攻め込んでくる敵兵を包囲殲滅する陣形のことである。これに対し、上杉方は得意とする車懸りの戦法で挑み、波状攻撃を仕掛けて武田方に深く攻め込んだ。車懸りの戦法とは、車輪が回転するように戦闘部隊を暫時入れ替え、負傷し疲れた兵士を後退させながら前方に常に新たな部隊を繰り出す運動を連続的に繰り返して行う戦い方である。この陣形を運用するに当たっては熟練を必要とし、上杉方は平素から演習に努めていた得意の戦法であった。戦いの最中、乱戦に乗じて手薄となった信玄の本陣に謙信（政虎）が斬り込みを仕掛けた。床几《しょうぎ》に腰かけた信玄は手にした軍配で応戦したとされる。信玄は三度斬りつけられ肩先を負傷したものの、散らばっていた供回りの者たちが急ぎ駆けつけて難を逃れることができた。江戸時代に作成された「上杉家御年譜」では、信玄を斬りつけた騎乗の武者は荒川伊豆守だとされている。やがて、両軍共に隊形は乱れ白兵戦の様相を呈し、戦場は激烈な斬り合いで息継ぎもできぬほどの大乱戦となっていった。白兵戦は数の多い方が有利で、午前中は上杉方の優勢で武田方は押し込まれかろうじて持ちこたえているあり様であったが、四時間ほど経過した正午ごろになって妻女山攻撃の別働隊が八幡原の武田本隊に復帰してきたことで上杉方は挟み撃ちされる状況となり、以後の戦局は武田方に有利に展開していった。乱戦の中で武田方は信玄の弟の信繁や山本勘助といった諸将が討死し、武田方の戦死者は四千を数え、両軍合わせると七千名を超えたとされる。手傷を負うもの数知れず兵の大多数が負傷していた。午後四時頃になり、上杉方は挟撃の不利な体勢を嫌って善光寺方面に兵を引き、武田方も追撃する余力のない状況で両軍共に後退して合戦は終わりを告げる。退却した上杉方は善光寺に待機する無傷の兵五千と合流して越後に引き上げていった。

討死した山本勘助は武田二十四将の一人であり実在の人物である。「甲陽軍鑑」には、武田家の重臣板垣信方《いたがきのぶかた》の推挙により信玄（晴信）に仕えたとされ、知行五百貫文足軽五十人の足軽大将と紹介されていることから類推する限り、かなり上層の家臣であったことは確かなようである。武田家の信濃侵攻作戦では華々しい活躍が数多く紹介されてはいるものの、役柄を軍師とした記述はなく真偽のほどは疑問視される点も多い。

作戦の失敗の責を負い不自由だった身体をかばいながら奮戦している信玄の知恵袋・勘助の姿を追い求めて八幡原史跡公園を散策してみた。

八幡原史跡公園

八幡原《はちまんばら》にある史跡公園である。一万二千平米の壮大な敷地には緑豊かな芝生広場があり、小川が流れかやぶき屋根の四阿《あずまや》が造られ自然を満喫できる。

信玄の本陣は川中島八幡神社の付近に設営されていたとされ、本陣跡の枡形陣形土塁が周辺を囲むかのように現存している。山本勘助が海津城築城時に水除け八幡として神託を祈り願った神社である。境内には地元の郷土戦史「甲越信戦録」を参考に制作された「信玄・謙信一騎討ちの像」が建立されている。馬上から斬りかかる謙信と軍配で受け止めている信玄の一騎打ちハイライト・シーンの再現である。武田方の軍旗「疾如風、徐如林、侵掠如火、不動如山（疾《はや》きこと風の如く、徐《しず》かなること林の如く、侵掠《しんりゃく》すること火の如く、動かざること山の如し）」と、謙信の軍旗「毘」が色鮮やかに風にたなびき戦国へのロマンを駆り立てている。

信玄・謙信両将一騎討ちの際、信玄を助けた原大隅守虎胤《はらおおすみのかみとらたね》が謙信を取り逃がした悔しさで傍らにあった石を槍で突き通したと伝わる「執念の石」や、高坂昌信が六千余人の戦死者の遺体を敵味方なく集め弔った首塚がある。謙信はこの首塚の話を聞き及び、信玄が今川と北条から「塩留め」

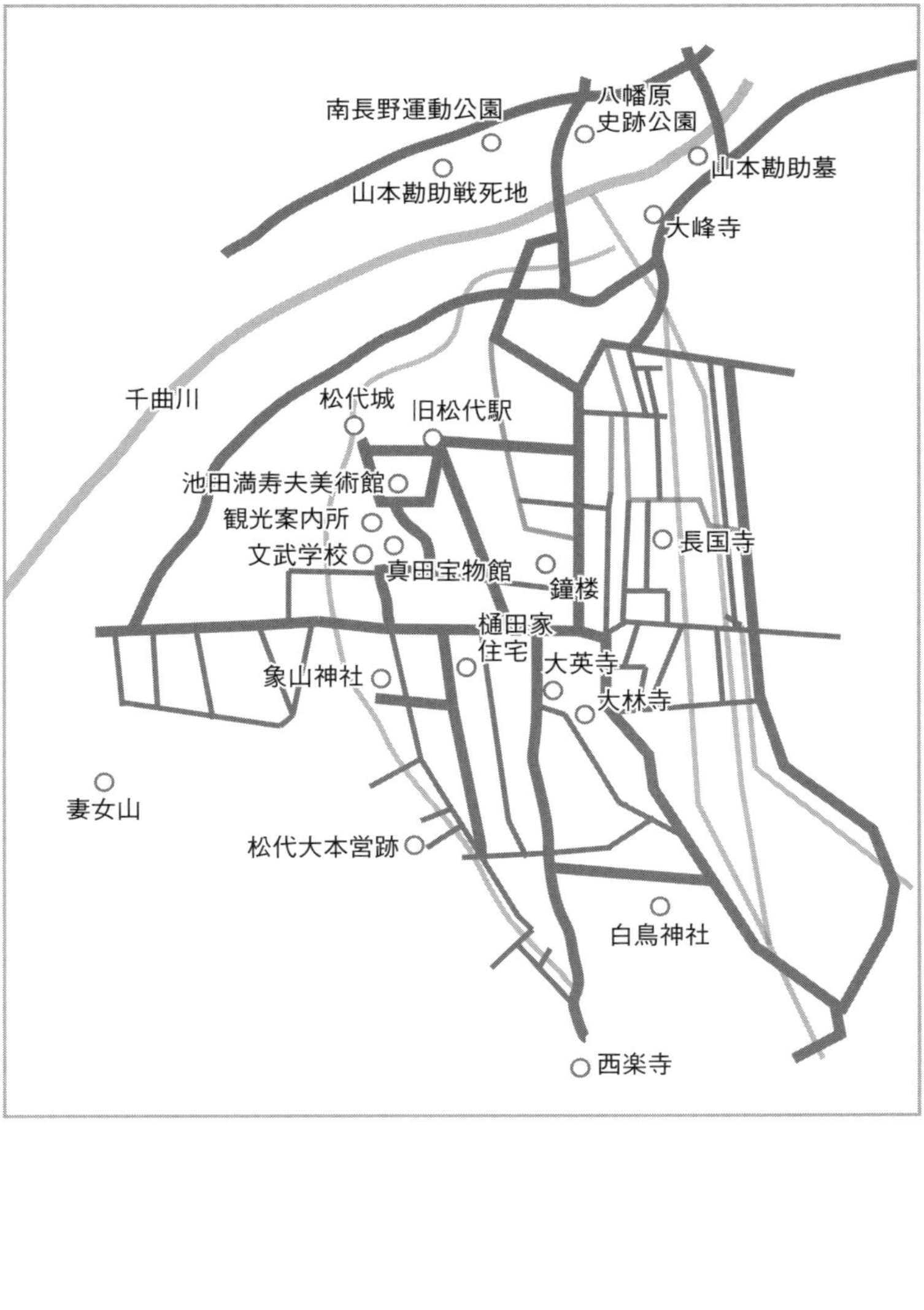
南長野運動公園
八幡原
史跡公園
山本勘助墓
山本勘助戦死地
大峰寺
千曲川
松代城
旧松代駅
池田満寿夫美術館
観光案内所
文武学校
真田宝物館
長国寺
鐘楼
樋田家
住宅
大英寺
象山神社
大林寺
妻女山
松代大本営跡
白鳥神社
西楽寺

され窮していた際、信玄に塩を送り恩に報いたことで「敵に塩を送る」という言葉が生まれたという。他にも、土塁の土留めとして自生していた槐《えんじゅ》を逆さにして打ち込んだものが芽を出し大樹になった「逆槐《さかさえんじゅ》」、「三太刀七太刀の跡」などの史跡が数多く残されていて興味深い。

長野市立博物館

八幡原史跡公園内には長野市立博物館が併設されている。長野盆地の自然科学・人文科学などを総合的に展示している。プラネタリウム（土・日曜、祝日のみ投影）も楽しめる施設である。一階展示室には長野盆地の成り立ちや、水稲栽培技術などの展示があり、二階展示室では古代から現代までの歴史を紹介している。毎年秋には長野県最古の仏像で白鳳期（七世紀後半）飛鳥仏の面影を残した国重要文化財である「銅造観音菩薩立像」を特別公開している。

山本勘助の史跡

山本勘助の討死した場所に設営された「勘助宮」碑は、八幡原史跡公園の西約二キロ、オリンピックスタジアムのある南長野運動公園内西端より四百メートルのところに設置されている。その場所から東へ約二キロ離れたところに、山本勘助の首を取り戻し首に合う胴体を捜し出して繋ぎ合わせた伝説の場所があった。この場所は、県道三五号

山本勘助の墓

線沿いの赤川交差点（松代大橋手前）の釜めし屋「おぎのや」駐車場の一角で隣家の蕎麦屋「そば蔵」との境にある「胴合橋《どあいばし》」である。勘助の胴と首を合わせたことから名付けられた。橋の下には赤川という小川が流れ、その名前からは四百年経っても数千人の死傷者の血が流れた鮮烈な情景を想像させる。

勘助の遺体を埋葬した墓は千曲川の対岸側にある。松代大橋または更埴橋を渡り寺尾小学校を目標にするとよい。この小学校から近く五分ほどの距離であるが道幅が狭く徒歩でないと行きつけない。途中、丁寧な標識案内が設置されているので分かり易い。墓石は千曲川の土手を降りた河川敷

八幡原史跡公園
■長野県長野市小島田町1384の1
■電話　026-224-5054

長野市立博物館
■長野県長野市小島田町1414
■電話　026-284-9011
- ＪＲ長野駅からアルピコ交通松代行きバスで20分、川中島古戦場下車すぐ
- または、長野駅善光寺口バス乗り場３から川中島バス30系統・古戦場経由松代行に乗車、川中島古戦場にて下車
- 開館時間　午前９時～午後４時30分（入館は午後４時まで）
- 休刊日は、月曜、祝日の翌日（月曜が祝日の場合は翌日休、７月は第２月～金曜休、12月29日～翌１月３日休）　９時～16時（閉館16時30分）
- 入館料　大人300円、高校生150円、小・中学生100円（20人以上は団体割引・一般240円 高校生120円 小中学生80円）
  ※毎週土曜日は、子どもウェルカムデーにつき小中学生は無料。
  ※５月５日（こどもの日）小中学生は無料。
  ※敬老の日（９月第３月曜日）、開館記念日（９月23日）、文化の日（11月３日）は入館無料。
- プラネタリウム　大人250円、高校生120円、小・中学生50円（土曜は入館料・プラネタリウム共に小・中学生は無料、20名以上は２割引）

に設営されている。山本勘助の墓と称するものは公墓を含めて日本全国に点在している。
勘助の墓近くに大峰寺（大鋒寺）がある。勘助の墓からの帰り道、土手上から右前方を眺めれば境内の大木が見えるのでそれを目標にする。距離にして二百メートルほどである。

大峰寺（大鋒寺）

真田信之の隠居屋敷跡に建立された寺である（長野県長野市松代町柴三八）。明暦三年（一六五七）次男信政に家督を譲り、家臣を連れて松代にある柴村に隠居屋敷を構えた。隠居して一年余りが過ぎた万治元年（一六五八）十月、真田家の安泰を願いながら信之はこの屋敷で亡くなった。享年九十三歳。

父昌幸は亡くなる一カ月前、信之に心情を吐露した手紙をしたためている。「……十余年存じ候儀も一度面上を遂げ候かと存じ候処に、只今の分は望み成り難く候。但し養生の儀油断なく致し候間、目出たく平癒致し、一度面談を遂ぐべく存じ候間、御心安かるべく候。恐々謹言」（一部抜粋）にある父親の思いを果たせたであろう安堵感の中で息子信之は静かに一生を終えることができた。

書院跡地があった場所に信之の霊屋が建てられ、信之や信政の肖像画など真田氏ゆかりの品々が納められている。

大峰寺

大峰寺を参拝して城下町松代に向かう。

松代　歴史のきらめきを放つ町

善光寺平の平野の南東を占める松代は、千曲川と山々に囲まれ史跡や社寺がそこかしこに点在する真田十万石の城下町である。

松代では歴史を辿る道筋を「歴みち（歴史の道すじ）」と呼び、水路を「カワ」と称して探索の道しるべとしている。この歴みちに沿って歩けば、「松代城址」をはじめ真田家大名道具の数々を収めた「真田宝物館」や「真田邸」、「文武学校」など数多くの文化財に出会える。武家屋敷の並んだ様は江戸時代に戻って来たかのような錯覚を覚え史跡散策を満喫できる。

ここ松代は佐久間象山や女優松井須磨子、第二次大戦時に硫黄島の戦いを指揮した栗林忠道中将などの出身地である。更に童話作家も多く輩出もされていて、「お猿のかごや」「みかんの花咲くころ」「汽車ぽっぽ」「小鹿のバンビ」「里の秋」といった懐かしい童謡の歌碑を街中で目にすることができる。

旧松代駅・松代観光案内所

長野電鉄屋代線の「松代駅」は、大正十一年（一九二二）六月十日に開業し平成二十四年（二〇一二）四月一日に廃駅になったが、駅舎等の設備は保存されている。長野駅からアルピコ交通の川中島バスに乗って旧松代駅まで三十分である。ここを起点にしてまずは松代城址へと向かう。

旧松代駅
●バス路線についての問い合わせ
アルピコ交通長野営業所
電話　026-254-6000
受付時間・８時～20時
●レンタサイクルの貸し出し施設
○松代物産館（真田宝物館隣）
電話　026-278-6535
料金　３時間無料。保険料100円
貸出時間　９時～16時30分
※冬期間貸出休業（11月30日～３月中旬）
○旧松代駅
電話　026-278-2145
料金　３時間無料。保険料100円
貸出時間　９時～16時30分
※冬期間貸出休業（11月30日～３月中旬）
○松代まち歩きセンター
電話　026-285-0070
料金　４時間500円（30分超の場合200円追加）１日1000円
貸出時間　９時～17時
※１月１日～３日貸出休業
※降雪・積雪時は貸出不可
○信州松代ロイヤルホテル
電話　026-278-1811
料金　２時間以内500円　１日1500円
※冬期間貸出休業
※早朝の場合は前日までに予約が必要

松代観光案内所
■長野県長野市松代町松代４-１一（真田宝物館北隣、旧松代駅から徒歩３分）
●営業時間　９時～17時（年中無休）
■電話　026-290-6400

松代観光案内所では、松代観光はもとより、長野市全域及び周辺各地の観光案内と資料提供を年中無休で行っている。

松代城址

川中島の戦いには海津城として登場する。天文二十二年（一五五三）、山本勘助の縄張りにより築城された。上杉氏に対する武田氏の最前線に位置し、川中島四郡の支配と国衆統治の拠点である。武田氏の滅亡後は織田占有となり、本能寺の変が起こると城主の森長可は城から撤退し、無人のまま捨て置かれた。その後に上杉がこの城を接収したものの、上杉の会津への転出に伴って再び放棄され新たに秀吉の管理下に置かれる。家康の天下になってからは複数の城主を経て、待城、松城へと呼び名が変わり、正徳元年（一七一一）になって幕府の命令に従い「松代城」に改名された。

明治に廃城となり取り壊されたが、昭和五十六年（一九八一）に国指定史跡に指定され、平成十六年（二〇〇四）に江戸期の櫓門・木橋・石垣・土塁・堀などの城郭がほぼ忠実に再現されている。桜の名所としても名高い。城内北西にある「戌亥《いぬい》の櫓台《やぐらだい》」に登り周囲を見渡すと西南に妻女山や象山がそびえ立ち北東に八幡原が広がる。甲州流築城術の特徴がよく出ている武田氏築城の代表的な城と言われている。

松代城

藩主の真田信幸（関ヶ原役後、信之に改名）は、永禄九年（一五六六）武藤喜兵衛（後の真田昌幸）の長男として生まれた。松代藩の初代藩主として家康、秀忠、家光、家綱の徳川四代に仕え、徳川家来衆の中でも著名な長老として名を馳せ、信濃の獅子と呼ばれ一目置かれる存在であった。九十三歳で人生を全うしたが、当時としては異例の長寿で、戦国当時の仔細を語ることのできる現役の武将として幕府内でも貴重な人物であった。

信之が幕府の命により上田から松代に移封された時は既に五十七歳の高齢に達していたため、家名温存・子孫安泰のため是非もないと家臣に宛てた書状の中で苦しい心情を訴えている。しかし、信之は松代に入ると速やかに藩内の整備に着手していく。川中島の戦いのため当地を放棄して逃亡した農民も多く荒れ果てていた領地の立て直しを急ぎ、水田の用水堤やため池整備を行い農業生産を回復させていった。

松代藩

松代藩は現在の長野市松代町（信濃国埴科郡松代町）の松代城を居城とし、川中島四郡の高井郡（中野市・須坂市界隈）、水内郡（長野市・飯山市界隈）、更級郡・埴科郡（千曲市界隈）を所領としていた。真田信之は十三万石での入封の後、明暦四年（一六五八）の三代幸道の相続に伴い信之の裁量により沼田領三万石が独立し、十万石の所領のまま十代に渡り明治維新まで続いた。

真田家は徳川家康の養女（本多忠勝の娘・小松姫）を妻とする譜代大名待遇の席次を占めていたため外様大名とは異なる別格扱いの厚遇を受けていた。八代藩主の真田幸貫は松平定信（徳川吉宗の孫）の実子である。

池田満寿夫美術館

版画、油彩、陶芸、ブロンズ彫刻、水彩画、書、デッサン、内外の受賞銅版画やリトグラフなど

松代城址
■長野県長野市松代町松代44
■電話　026-278-2801（真田宝物館）
●バス・長野駅から松代行き30分、旧松代駅下車徒歩５分
●開城時間　９時～17時（入場16時30分まで）
●休館日　原則無休
●入場料　無料

長野市出身である世界的アーティストの池田満寿夫の作品を展示。企画展やイベントなども開催している。松代城址の南側から徒歩数分の位置にある。

真田宝物館

真田氏の文化財を収蔵した市立博物館である。館内には昭和四十一年（一九六六）に真田家十二代当主真田幸治氏より寄贈された家宝の武具・調度品・文書類・美術品などが展示されている。国の重要文化財「青江の大太刀」や真田昌幸（信之・幸村の父）所用の「昇梯子の具足」、武田信玄、

池田満寿夫美術館
■長野県長野市松代町殿町10
■電話　026-278-1722
●開館時間　４月～11月　９時～５時
12月～３月　９時30分～４時30分
※入館受付・閉館30分前まで
●休館日　木曜（祝日開館）、12月29日から元旦、展示替期間等
●料金　一般700円　大学生500円　高校生350円　中学生以下無料
20名以上の団体10％引

「竹風堂松代店」
池田満寿夫美術館に隣接して小布施を本店とする甘味処「竹風堂松代店」がある。栗ようかん・栗かの子などの栗菓子の販売と、喫茶や栗おこわなどの食事メニューが揃っている。
■電話　026-278-1711
●営業時間　販売・８時～17:30　日曜営業
●休業日　木曜不定休
車いす対応トイレあり

徳川家康、豊臣秀吉、石田三成らの書状、「吉光御腰物箪笥」「青貝御紋付御文庫」などの貴重な収蔵物を見学することができる。およそ五万点に及ぶ資料は常設展示、企画展、特別企画展など年四回の展示替えがある。

二代藩主・真田信政が家康から拝領された吉光御脇差を収納していたのでこの名が付いた「吉光御腰物箪笥」には、真田家に伝来し藩の存在にかかわる重要な古文書が納められていた。この黒漆塗の箱は三つの引出からなり、大引き出しには茶道具「文琳の茶入れ」と共に一印から十印まで分類された昌幸・信之父子が秀吉や家康から受け取った武田信玄・徳川家康・徳川秀忠・石田三成・豊臣秀吉の書状など、徳川幕府に憚られる西軍からのものを多く含んでいた。中引出には吉光御腰物といわれる短刀と小刀、小引出には吉光の短刀に関連する道具の他、系図や豊臣秀吉朱印状などが納められて松代城花の丸御殿御広間の床の間に飾られていたという。

真田宝物館

■長野県長野市松代町松代４-1
旧松代駅から徒歩３分

■電話　026-278-2801

● 開館時間　９時～17時（入館16時30分まで）

● 休館日　毎週火曜日（祝日の場合は開館）
館内消毒期間（６月下旬　月曜日～金曜日の５日間）

● 入場料　一般300円、小・中学生120円
真田邸・文武学校共通券　一般400円、小・中学生150円
※毎週土曜日と５月５日は小・中学生無料
※９月第３月曜日と11月３日はすべて無料

真田邸

九代藩主の幸教が元治元年（一八六四）に建てた松代城外の御殿で、城内三の丸にあった花の丸御殿に対し「新御殿」と呼ばれていた。幸教の父・幸良が早世したため、参勤交代の緩和により帰

国が許可された妻子と義理の母の住まいとして使用された。明治維新を迎えて御殿は真田家私邸となり、幸教は隠居後もこの屋敷で生活した。

御殿は江戸末期の御殿建築様式を取り入れた一部二階建ての屋敷である。敷地は約八千平米あり、大名屋敷の形態が随所に見られる貴重な建築物として評価が高く、松代城と共に国の史跡に指定されている。

文武学校

江戸時代後期に創立された松代藩の藩校である。明治維新の廃藩後も、初等教育の学校として昭和四十年代まで使用されている。建築当初からの施設建造物はすべて現存し、敷地もそのまま残されている貴重な史跡である。国の史跡指定がされている。

八代藩主の真田幸貫は水戸藩の藤田東湖から組織運営の助言を受けたうえで建設を決意し、

運営組織を編成し用地を手配し建築棟梁などを決めて計画遂行に着手したが、その途上で幸貫は逝去する。その遺志を受け継いで九代藩主・幸教が計画を前進させ、安政二年（一八五五）に開校にこ

真田邸

文武学校

文武学校

■長野県長野市松代町松代205-1
旧松代駅から徒歩3分

■電話　026-278-6152

●開館時間　9時～17時（入館16時30分まで）

●休館日　原則無休

●入場料　一般160円、小・中学生60円

真田邸

■長野県長野市松代町松代1
旧松代駅から徒歩3分

■電話　026-215-6702

●開館時間　9時～17時（入館16時30分まで）

●休館日　原則無休（館内消毒期間を除く）

●入場料　一般200円、小・中学生80円

「おやきや総本家　松代店」

戦国時代、大阪夏の陣が始まる頃、真田信繁は徳川方に味方して戦に備える真田信之の元を密かに訪れ兄弟は静かに別れの盃を交わした。深夜のことで米を炊くわけにもゆかず残っていた冷飯を丸めて味噌で味をつけ土産に持たせたという。真田こねつけ餅には、そんな兄弟の物語があったといわれている。古くから伝承されている信州を代表する郷土食で四季折々の山菜や野菜を信州味噌や醤油で味付けし、小麦粉で練った皮に包んだ素朴なおやきである。長野県内の学校給食にも取り入れられている。

■長野市松代町殿町2-2（真田公園内）

■電話　026-278-3641

●営業時間　9時～17時

●定休日　火曜（不定期で休み）

お休み処　「日暮し庵」

松代名産の長芋を使い、地元の味噌を入れてつくる「麦とろごはん」が名物。

真田邸に面した恩田家の屋敷跡に立地している。初代藩主信之は20万両という大金を持ち入封したが三代幸道の時代から徐々に困窮する状況にあった。幕府による度重なる手伝普請などで資金は使い切り、また洪水や大火に見舞われ幕府より1万両を借り受けたため借財を抱えるようになっていた。宝暦2年（1752）、6代幸弘は藩内改革を家老恩田民親に一任、藩内の意識を立て直し財政改革を向上させていく。お店の名前「日暮し庵」は馬場正方によって書かれたとされる恩田の藩政改革『日暮硯』にちなみ名づけたとのことである。

■長野市松代町殿町190-2

■電話　026-278-3356

●営業時間　11時～15時（ラストオーダー14時30分）

●定休日　火曜

ぎつける。ペリーが浦賀に来航して二年後のことである。学校施設として、正堂（文学所）、東序と西序の教室二棟、文庫蔵、剣術所、柔術所、槍術所、弓術所、御役所、番所を見ることができる。

旧白井家

文武学校南隣の旧白井家では、内部が開放されて地元ボランティアによるお茶の接待と観光案内をしてもらえる。

表門は、松代表柴町にあった松代藩士・白井家の表門を現在の場所に移築復元したものである。弘化三年（一八四六）に建てられた長屋門で広い間口や出窓、見張り窓などは武家屋敷の長屋門の特徴をよく表している。白井家からは藩の御金奉行や医師などを務めた家柄で、佐久間象山とも親交があったとされる。

旧樋口家住宅

旧白井家の隣にある目付役などを務めていた上級武士の屋敷である。真田邸に隣接したこの付近は上級武士が多く住んでいた。主屋、土蔵、長屋、などが修景・復元されていて長野市の文化財に指定されている。展示会や体験型のイベントがある。

旧白井家
■長野県長野市松代町松代204-３
■電話　026-278-1651
●開館時間　９時～17時（湯茶の接待は15時頃まで）
●休館日　原則無休
●入場料　無料

旧樋口家住宅
■長野県長野市松代町松代202-１
■電話　026-278-2188
●開館時間　９時～17時（入場16時30分まで）
●休館日　原則無休
●入場料　無料

松代藩鐘楼

江戸時代初期、松代藩が城下片羽町に建設した鐘楼である。城下の住人に二時間（一刻）毎に打ち鳴らして時刻を知らせていた。火災時には半鐘としても利用されている。鐘楼は物見台としても使われ、町屋を見渡せる火の見櫓としても利用された。伝承によると、佐久間象山が日本初の電信機実験を行ったとされ、碑「日本電信発祥之地」が建てられている。平成二十六年に改修・保存工事が終了し、午前十時と午後三時のいずれも六回ずつ「時の鐘」が復活している。

長国寺

真田家の菩提寺であり、十二代幸治までの歴代松代藩主の墓所となっている。真田一族ゆかりの寺宝が数多く残されている。大屋根の鯱鉾《しゃちほこ》は海津城から移動された物と伝わり大棟の下に六文銭の家紋が大きく施されている。本堂裏には、国指定重要文化財の初代信之の霊廟が祭られている。その霊廟の裏手に歴代藩主の墓所が設営されている。霊廟と墓所の参観は予め許可が必要。三代幸道の正室豊姫の御霊屋と墓石が本堂手前左方向にある。宇和島藩主伊達宗利の娘（伊達政宗の孫）である豊姫が、嫁入り時に宇和島で作られていた咳止めとして珍重されていた杏《あんず》を持参し普及させている。今日まで生産が盛んである。

松代藩鐘楼
■長野県長野市松代町松代166-2
　バスで「八十二銀行前」下車、徒歩3分
■電話　026-278-2801（真田宝物館）

城下町を過ぎて象山神社に向かう。象山記念館、高義亭、煙雨亭といった佐久間象山由来の建物が立ち並ぶ。東に少し歩けば旧横田家や大英寺があり、泉水路沿いに南へ更に歩くと象山地下壕や白鳥神社、西楽寺がある。

佐久間象山

兵学者・朱子学者・思想家であり松代三山の一人とされている。

江戸後期の文化八年（一八一一）に佐久間一学の長子として誕生した。父親は五両五人扶持の微禄であったが卜伝流剣術の達人で自宅に道場を持ち、象山《しょうざん》（地元では「ぞうざん」と呼ばれている）は幼少のころから剣術を学んでいる。天保四年（一八三三）に江戸へ遊学し、当時、儒学者の第一人者であった佐藤一斎に師事した。藩主幸貫は天保十三年（一八四二）老中に就任し海防掛を兼務したことで、象山を藩内の洋学の担当者に任じて、江川英龍に兵学を学ばせた。これに応えて、象山は「海防八策」を藩主幸貫に献上し、江川や高島秋帆から学んだ知識を元にして大砲の鋳造にも成功し高い評

長国寺

長国寺

■長野県長野市松代町松代1015-1
旧松代駅から徒歩15分
■電話　026-278-2454
●拝観時間　9時〜16時
●休館日　水曜日、年末年始
●拝観料　御霊屋、墓所拝観料は要予約（境内のみの見学は無料）大人300円・小中学生200円
御霊屋の内部を拝観される場合は別途料金。御霊屋特別拝観料一律（一人）500円

価を得ている。その後、蘭学を学び、兵書・砲術書、自然科学を習得し、西洋砲術の大家として名前を知られるようになっていく。

象山の墓は松代市内の蓮乗寺（松代町松代一一四二）にあり、次男の恪二郎（新選組隊士）と墓石は並んでいる。

象山神社・象山記念館

大正二年（一九一三）、殉難五十年期の年、佐久間象山を御祭神として建立した神社である。神社に隣接して生家があり、社地は旧佐久間象山邸の跡地（当時のものは井戸のみ）を使用し、境内には象山ゆかりの高義亭や煙雨亭が移築されている。本殿は国の登録有形文化財に指定され、象山宅跡は長野県指定史跡である。

象山記念館は、佐久間象山没後百年目の昭和四十年（一九六五）に、有志によって設立された。象山の発明品・書・愛用品の数々が展示されている。松代通信資料館が併設されている。

佐久間象山像

高義亭・煙雨亭

安政元年（一八五四）吉田松陰の密航に連座し国元での蟄居を命ぜられた象山は、松代藩家老であった望月主水の下屋敷聚遠楼に居住し、この下屋敷別棟の高義亭を書斎として使用していた。接客時には二階の部屋を客間に使い、幕末の国政を論じていたという。昭和五十三年（一九七八）に象山神社境内に移設、長野市指定文化財である。

象山の松代での蟄居は九年間に及ぶ。蟄居解禁後、元治元年（一八六四）京都に上る。三条木屋町の鴨川沿いにあった煙雨楼に居住するも、自宅の煙雨楼付近で騎乗中に河上彦斎らにより惨殺される。僅か二カ月の京都暮らしであった。昭和五十六年（一九八二）、煙雨楼の茶室を象山神社に移築し煙雨亭と命名した。

松代大本営地下壕

太平洋戦争末期に本土決戦を想定して象山と舞鶴山、そして皆神山中に国家中枢機能を移転させることが計画された。象山地下には政府や放送協会・電話局を設置し、舞鶴山の地上部には、天皇

高義亭

象山神社
■長野県長野市松代町松代1502
　旧松代駅から徒歩12分
■電話　026-278-2461

象山記念館
■長野市松代町松代1446-6
　松代駅出口から徒歩11分
■電話　026-278-2308
●営業時間　9時～17時
●定休日　火曜日、年末年始
●入館料　一般250円、小人100円

高義亭
■長野市松代町松代1502
■電話　026-278-2461（象山神社）

煙雨亭
■長野市松代町松代1502
　松代八十二銀行前下車、徒歩約10分
■電話　026-278-2801（真田宝物館）
●年中無休、見学無料

皇后御座所・宮内省（現宮内庁）の施設（現存する）が建設された。皆神山地下壕には備蓄庫が計画されていた。これら三地区の地下壕の総距離は一〇キロに及ぶ。工事は昭和十九年（一九四四）十一月に始まり終戦日まで続けられ八割方は完成していたという。象山地下壕は貴重な戦争遺跡として平成元年から一部を公開している。地下壕入口には「不戦の誓い」と刻まれた石碑が建立されている。

大本営地下壕の造営にあたっては複数の候補地があったものの松代が選定された。複数の候補地の中であえて松代が選ばれた理由は、地理的・地質的・地形的条件を満たすこと以外に、松代の住人が純朴で守秘義務を順守できる人々であり、信州は神州に通じ品格のあることが理由として挙げられている。

大英寺

信之の妻、賢夫人として名高い小松姫の菩提寺である。信之が上田から松代に移封した際、菩提寺をこの地に移したと伝えられている。本堂及び表門は寛永元年（一六二四）信之が夫人の小松姫の霊屋として建立したもので萬年堂とも称した。明治初年に大英寺の諸堂が取り壊された時期に、この霊

松代大本営地下壕

松代八十二銀行前下車、徒歩約20分

- ９時から16時まで見学可能（ただし、午後３時半までに入壕のこと）
- 休業日　毎月第三火曜日及び年末年始（12月29日から１月３日まで）
- 入壕料　無料、予約連絡は不要
- 無料貸し出しヘルメット着用のこと。車椅子での見学は引率者と同伴すること。車椅子の貸出もあり、バリアフリー対応のトイレも設置されている。

松代大本営地下壕跡

屋は同寺の本堂として代用されている。内外陣とともに三村晴山の筆による鏡天井が造作され、柱・組物には極彩色が施されて豪華絢爛である。狩野隼人正の筆による三十六歌仙図は娘の西台院の寄進によるもので、寺内には小松姫の遺品が多く残されている。表門と本堂とも長野県指定文化財である。

小松姫の実父は徳川四天王の一人、本多忠勝である。忠勝は信幸の戦場での活躍ぶりを以前より目にしていた。家康は真田家を懐柔する意味合いから本多忠勝の娘小松姫を信之に嫁がせることを画策した。信之の人物を気に入っていた忠勝も望むところで父親の立場から大いに賛同したものの、父親の昌幸としては真田家の総領に陪臣の娘は不釣り合いとして難色を示し不満であった。そのため、家康は小松姫をいったん自分の養女としてから、信之に嫁がせる手続きを取った。こうして信之と家康とは義理の親子関係となり、重鎮の本多忠勝を岳父とし、徳川家臣団の中に組み込まれていくことになる。この縁談を望んでいた本多忠勝は信之を自慢の娘婿として大切に扱い、徳川家内での有力な後ろ盾として後援することになる。関ヶ原の役後、断罪とされていた父昌幸と弟信繁の助命がなり九度山に流罪とされたのは信之の懇願に応えた本多忠勝の尽力が功を奏したようである。娘婿の助命嘆願に応えて忠勝は家康との仲た

大英寺

大英寺
■長野県長野市松代町表柴町1314
バス　松代八十二銀行前下車　徒歩約５分、旧松代駅から徒歩10分
■電話　026-278-2387

がいを覚悟の上で談判に臨んだ。忠勝の義理堅さに家康も閉口したが井伊直政と榊原康政らも同調したため助命せざるを得なくなったことによる。なかなか首を縦に振らなかった秀忠も三人を相手にしては同意をせざるを得なかったことは容易に想像できる。信之の存在感はこうして徳川幕府内の人脈に強く組み込まれていき真田家安泰の礎を確実なものとした。

旧横田家住宅

松代藩の中級武士であった横田家の旧住宅で寄棟造、茅葺主屋、隠居屋など江戸当時の現状で保存されており、また国の重要文化財に指定されている。最高裁判所長官、鉄道大臣など多くの著名人を輩出している。

白鳥神社

真田信之が松代へ入城した後、寛永元年（一六二四）小県郡海野郷に祭られていたものを当地に移設したもの。白鳥神社は日本武尊の伝説を縁起とし海野氏・真田氏の氏神様を祭っている。白鳥神社のある白鳥山は、永禄四年（一五六一）の第四次川中島合戦の折、

白鳥神社

■長野県長野市松代町西条
旧松代駅から徒歩25分

■電話　026-224-7013（長野市役所教育委員会文化財課）

西楽寺

■長野県長野市松代町西条905
旧松代駅から徒歩30分

■電話　026-278-3624

旧横田家住宅

■長野県長野市松代町松代1434-1
バス　八十二銀行前下車、徒歩３分

■電話　026-278-2274

●開館時間　９時から17時（入場16時30分まで）

●休館日　12月29日～１月３日）

●入場料　一般200円　小・中学生100円
象山記念館との共通券・一般320円
小・中学生120円

海津城の香坂弾正昌信が上杉軍出陣を信玄に知らせる狼煙を上げた山として知られている。

西楽寺

埴科藩《はにしなはん》一万七千石の二代目藩主・真田信重とその夫人の位牌が安置されている浄土宗の寺院である。信重は松代藩主真田信之の三男で、後継ぎがいなかったために埴科藩は廃藩となり、石高は松代藩に返納された。霊屋は江戸時代初期の遺構で全国的にも珍しい霊廟建築の特徴を持ち、国の重要文化財に指定されている。

白鳥神社（上）、西楽寺（下）

白鳥神社（上）、西楽寺（下）

〈参考文献〉
長野市民新聞編『川中島の戦いと北信濃』信濃毎日新聞社
小林計一郎『わが町の歴史　長野』文一総合出版
平山優『真田三代』ＰＨＰ新書
佐藤正英・校訂/訳『甲陽軍鑑』ちくま学芸文庫
二木謙一『戦国武将の手紙』角川ソフィア文庫
真田宝物館収蔵品目録『長野県宝　真田文書（一）』松代文化施設等管理事務所
『松代　第二十七号』松代文化施設等管理事務所
田中博文『松代藩』現代書館

故郷・上田と「智将」真田の男たち（長野県上田市）

佐藤智子

真田三代

以前NHK・BSの『熱中夜話』という、その道の探求者たちが専門の話について語り合うバラエティ番組があった。その番組の「お城ファンが選んだ好きな城ベスト10」で、国宝の姫路城などを抑え堂々の第一位に輝いた城をご存じだろうか。その城の名は上田城。「日本一の兵」として誉れ高いあの真田幸村（信繁）の父昌幸が建てた城だ。この「日本一の兵ファミリー」は「真田三代」と呼ばれ、今も私たち日本人の圧倒的支持を得ている。真田幸隆、昌幸、信幸、信繁。彼らの生きざまがなぜ人々をそこまで魅了したのか。なぜ小豪族にすぎない真田家が家康に一度ならず二度までも屈辱を与えることができたのか。歴史に残る名勝負が行われた真田氏の故郷、長野県上田市での彼らの活躍を中心に述べてみたい。

真田氏発祥の地と真田氏の始まり

東京駅から長野新幹線に乗って約一時間半。上田駅に到着「お城口」に出て外に降り立つと、真っ先に駅前の「真田幸村公像」が目に飛び込む。バス停などの交通機関を始めとして、至る所に彼らの家紋「六文銭」が施され、意識せずとも上田が現在も「真田と共に生きる町」なのだと強く感じさせる。街道の名残が趣深い町並みを感じつつ、あちこちに点在する「真田」という文字の書かれた幟を見ながら歩いていくと十二分程で、徳川家康を大いに脅威と怒りに打ち振るわせた上田城址がある上田城跡公園にたどり着く。園内は四月になると千本桜祭りが行われ、その見事な桜を見る人々の癒しの場所となっている。中を歩いて上田城東虎口櫓門が見えると、真田当時の櫓門でないとはいえ、胸中に心躍るものを感ぜずにはいられない。

上田駅前にある真田幸村公像

現存する三基の櫓は真田氏の後に城主となった仙石氏が建てた櫓だ。この中心の所に真田神社がある。ここは昌幸築城当時からの遺構真田井戸があり、本来は松平氏を代々祀った松平神社といったが、後に仙石氏、真田氏も合祀され真田神社になった。この公園内には真田氏関連の物が多く展示されている博物館もあり、ここから暫く歩くと上田藩主となった信幸が整備し、代々藩主の居宅だった藩邸の跡地である長野県上田高等学校が見えてくる。その威風堂々たる校門は、圧倒的な歴史と伝統を感じさせると共に、信幸の国替え後仙石、松平と藩主は変われども、真田一族が上田に残す普遍の足跡を今も強く感じさせる。真田氏の全盛期の面影を至る所に感じつつ、中心部から郊外へと車で数キロほど走ると一転、そこは心休まるような田園風景が広がっている。風光明媚な景色と新緑を目で楽しんでいると、真田家の人気を不動にした『真田太平記』の作者池波正太郎氏の筆による「真田氏発祥の郷」の碑がある真田氏記念公園が見えてくる。現在も山間部に盆地が広がる、のどかながらも気候的には寒暖差もあり、特に冬は雪深く寒さの大変厳しい場所だ。しかしそういった場所だからこそ彼らは体力をつけ、知を磨き、自然の山々に感謝して生きることで人としての芯の強さと逞しさを根幹から学んでいったのだろう。この土地に立つと「自然の恵み」は切っても切り離せない文化なのだと痛感する。真田の里には霊峰として名高い四阿山があり、四阿山は山岳信仰の中心として古来より人々に厚く信仰されてきた。その麓に当たる山家神社は、古くは延喜式にも掲載される程の古社で、山の頂上に奥宮を置き、真田一族のみならず、代々の藩主も崇敬したという。この山家神社のある所が真田集落と呼ばれ、ここの「真田」という字《あざ》から真田一族が出たといわれている。

真田氏の出自については古くから小県郡一帯を支配していた名族海野氏の一族だといわれているが、真田氏の名前が信頼できる史上にて登場しているのは天文十年（一五四一）年の武田信虎・村上義清・諏訪頼重の連合軍に攻撃された戦の史料にある幸隆の名前からだ。この戦で信濃の名門海野一族は武田ら連合軍に大敗北し、大将海野棟綱は上州に逃げ、彼の嫡男左近大夫幸義は討死、真田一族も上州へ落ち延びた。当時幸隆は二十九歳、長男信綱は五歳、二男昌輝は生後すぐで、昌幸は生まれていなかった。元々村上一族と海野一族は、応仁の乱を契機として敵対関係にあった事もこの戦に起因したと伝わる。後にこの壮絶な戦いは一般的に「海野平の合戦」と呼ばれている。

「智将」幸隆の戦略

幸隆はいつしか、信玄の家臣として史料に名が登場している『高白斎記』の天文十八年三月十四日の記述である。ここに「七百貫文の御朱印、望月源三郎方へ下され候、真田渡す、依田新左衛門請け取り」との一文で、信玄に帰属した時期としては天文十三年、十四年、十五年説など諸説ある。幸隆は「信濃に真田、上野に小幡、越後より来る大熊、是三人は牢人の大身とて信玄公御取立なり」と『甲陽軍艦』に書かれているように信玄に大変重用され「信州先方衆」の旗頭として大活躍していた。幸隆はその才でかつての敵だった信玄の勢いに目をつけ、領土を回復すべく信玄の家来となっていた。その幸隆が智将ぶりを存分に発揮したのはなんといっても砥石城の攻略だろう。砥石城は村上氏の重要拠点で、この城の攻略こそが幸隆の所領回復への足がかりとなる大事な場所だった。幸隆はこの戦いで巧みに敵に謀略を用いて寝返らせる事に成功、信玄すらも苦心した戦いでなんと兵を用いずに砥石城乗っ取りに成功した。幸隆は破竹の勢いで敵の城を奪い、目覚ましい活躍をすることで真田の領地を回復していった。

「たとえどんな困難が訪れても『ピンチはチャンス』とばかりに先を読み、時勢を掴むことで自分達の生き残りを図っていく」まさにこの「真田スタイル」を確立したのは信繫の祖父幸隆で、こうした生き方は小豪族にすぎない自分たちが、心から愛する領土と民を守る為に確立した真田一族の独特のやり方だったといえるかもしれない。

元亀四年三月、三方が原で信長・家康連合軍を破り快進撃を続けていた信玄が病に倒れ亡くなった。「甲斐の虎」と呼ばれ恐れられた信玄も病には勝てなかった。その信玄の跡を継いだのは四男の四郎勝頼である。信玄と諏訪御寮人との間に生まれた勝頼は「甲斐の虎」の嫡子にしてはあまりに凡庸で、武田の行く末を案じた信玄は、自分の死を三年は秘密にするように遺言したという。だが結局その死は上杉、徳川らの知るところとなってしまった。このような武田家の存亡の危機に幸隆もまた病に倒れ、亡くなった。信玄の死から二年後の事だった。真田家中興の祖と呼ばれた男の波乱に富んだ六十二年の生涯の幕切れだった。この幸隆なくては真田家の繁栄はなかっただろう。遺骸は幸隆自ら開山した真田家の菩提寺、長谷寺に手厚く葬られた。これにより嫡男真田信綱が跡を継ぐ。信綱は弟昌輝、昌幸と共に武田家二十四将の一人に数えられる大変優秀な人物であった。信綱は父の死を悲しむ暇もなく、弟昌輝と共に勝頼の命で三河に出陣、長篠城攻略へ向かっている。後の世に長篠の戦いと呼ばれた有名な戦いである。

信綱の死、昌幸真田家家督を相続する

圧倒的強さを誇った武田家の騎馬隊が織田・徳川連合軍の鉄砲隊の前に大敗を喫したこの戦は「鉄砲」という新しい武器が古来の戦法の前に圧倒的な力を見せるという意味で、後世になお語り継がれる有名な戦いとなった。この戦いは、武田家に織田信長の凄さをまざまざと見せ付けると共に、家臣である真田家を絶対絶命の窮地に陥しいれた。長男信綱、そして次男昌輝までも左衛門請け取り」との一文で、信玄に帰属した時期としては天文十三年、十四年、十五年説など諸説ある。

幸隆は「信濃に真田、上野に小幡、越後より来る大熊、是三人は牢人の大身とて信玄公御取立なり」と『甲陽軍艦』に書かれているように信玄に大変重用され「信州先方衆」の旗頭として大活躍していた。幸隆はその才でかつての敵だった信玄の勢いに目をつけ、領土を回復すべく信玄の家来となっていた。その幸隆が智将ぶりを存分に発揮したのはなんといっても砥石城の攻略だろう。砥石城は村上氏の重要拠点で、この城の攻略こそが幸隆の所領回復への足がかりとなる大事な場所だった。幸隆はこの戦いで巧みに敵に謀略を用いて寝返らせる事に成功、信玄すらも苦心した戦いでなんと兵を用いずに砥石城乗っ取りに成功した。幸隆は破竹の勢いで敵の城を奪い、目覚ましい活躍をすることで真田の領地を回復していった。

「たとえどんな困難が訪れても『ピンチはチャンス』とばかりに先を読み、時勢を掴むことで自分達の生き残りを図っていく」まさにこの「真田スタイル」を確立したのは信繫の祖父幸隆で、こうした生き方は小豪族にすぎない自分たちが、心から愛する領土と民を守る為に確立した真田一族の独特のやり方だったといえるかもしれない。

元亀四年三月、三方が原で信長・家康連合軍を破り快進撃を続けていた信玄が病に倒れ亡くなった。「甲斐の虎」と呼ばれ恐れられた信玄も病には勝てなかった。その信玄の跡を継いだのは四男の四郎勝頼である。信玄と諏訪御寮人との間に生まれた勝頼は「甲斐の虎」の嫡子にしてはあまりに凡庸で、武田の行く末を案じた信玄は、自分の死を三年は秘密にするように遺言したという。だが結局その死は上杉、徳川らの知る所となってしまった。このような武田家の存亡の危機に幸隆もまた病に倒れ、亡くなった。信玄の死から二年後の事だった。真田家中興の祖と呼ばれた男の波乱に富んだ六十二年の生涯の幕切れだった。この幸隆なくては真田家の繁栄はなかっただろう。遺骸は幸隆自ら開山した真田家の菩提寺、長谷寺に手厚く葬られた。これにより嫡男真田信綱が跡を継ぐ。信綱は弟昌輝、昌幸と共に武田家二十四将の一人に数えられる大変優秀な人物であった。信綱は父の死を悲しむ暇もなく、弟昌輝と共に勝頼の命で三河に出陣、長篠城攻略へ向かっている。後の世に長篠の戦いと呼ばれた有名な戦いである。

信綱の死、昌幸真田家家督を相続する

圧倒的強さを誇った武田家の騎馬隊が織田・徳川連合軍の鉄砲隊の前に大敗を喫したこの戦は「鉄砲」という新しい武器が古来の戦法の前に圧倒的な力を見せるという意味で、後世になお語り継がれる有名な戦いとなった。この戦いは、武田家に織田信長の凄さをまざまざと見せ付けると共に、家臣である真田家を絶対絶命の窮地に陥しいれた。長男信綱、そして次男昌輝までもが戦場の露と消えたのである。智将幸隆譲りの才で名を上げ始めていた信綱は家督を相続して僅か一年足らずであった。信綱達は、父幸隆と同じ、真田にある信綱寺に葬られた。信綱、昌輝という真田の名を継いだ二人が亡くなり、武田信玄の下で真田姓を離れていた昌幸が急遽、武田家の許しを得て真田家の跡を継ぐ事になった。昌幸は七歳の時に人質に出されるも、信玄にその才を認められて武田家縁の武藤姓を与えられ、勝頼に嫡男が生まれた際は譜代の武田家重臣らと祝いの使者を務めたことが『甲陽軍艦』に書かれるなど、武田家中で兄たちと共に頭角を現していた。時に昌幸は二十九歳であった。

昌幸の「表裏比興」という生き方

昌幸が秀吉に「表裏比興の者」と評されたのは、あまりに有名な話であるが、どうして秀吉がそう彼を感じたかといえばやはりそれは、真田家が次々と主君を変えていったことが大きな理由の一つだろう。主家である武田家が滅亡し、真田家を継いだ昌幸は「戦国絶対王者信長」に馬を送って誼を通じている。信長が非業の死を遂げた後は、北条についたもののまもなく徳川、上杉、と主君を変えていった。そして最終的には、徳川家康が関が原の戦いを石田三成と起こした際、息子の信幸と袂を分かっている。しかし、日々命のやりとりが行われる戦国の世において「表裏比興」とは、当時の武士の「褒め言葉」だったとされ、「卑怯」ではなく「食わせもの」という言葉から来ている。そのためこうした昌幸の生き方は、小豪族にすぎない自分たちが「愛する民と領土を何としても守っていく」という信念を貫き通した知的な生き方でもあったということを秀吉が評価していたという事だろう。現に信長が死んだ時は、信濃・上野・甲斐を再び徳川、北条、上杉等有力大名の争奪の激戦地に変え、当然「約束手形」である宛行も頻繁になり、その中でも特に真田の本拠地小県は宛行地が上杉、北条、徳川の競合地域となっていた。そうした中で、昌幸は領土を減らすことはなかった。これは宛行の競合地域の領主である真田にとっては並大抵の苦労でなかったろう。さらに突如天正十年（一五八二）年九月、昌幸の弟の信昌、佐久の依田信蕃らを介し、家康に対し帰属した際は、この件について家康は自身が信昌に宛てた書状の中で「昌幸が自分についてくれたのはその方のおかげ」という内容の書状を送っている。その一方で『依田記』には家康の命で信蕃が二度程昌幸の元に行き、三度目には昌幸も信蕃の元に行く事で昌幸と家康が起請文を交換し、真田が帰属するに至ると書かれている。おそらくこれはどちらも真実で、家康による「真田昌幸攻略」の一つであると思われる。当時、天下の大大名家康にこうした書状を書かせる昌幸はまさしく「表裏比興の者」であり、彼もそういう自分と誇らしく思っていたことだろう。

悲願の上田城築城

昌幸らの働きで徳川の勢力が上杉勢力圏にかなり浸透してきた頃、昌幸はその居城を上田に移す準備に取り掛かっていた。上田は信玄からかつて幸隆に宛行が行われた土地であり、彼らの目的の小県郡一帯支配には非常に良好な場所だった。徳川家にとっても昌幸たちが上田に城を構えることは北信侵略に大いに利点があった。すべてが着々と築城に向けて準備が進んでいた。しかし突如秀吉と家康の対立の火の粉が真田家に及ぶ事となる。秀吉と家康の決裂が小牧・長久手の戦いにまで発展し、家康は背後の守備の為、北条と和議を持った。すると北条は徳川に領地交換を要求、なんと沼田を北条に渡すように命令してきたのだ。昌幸としては自らが勝ち取った沼田をみすみす渡す理由などあるはずなく、家康の為に散々働いてきたのに、恩賞がないことに逆に不満をのべた。こうして昌幸と家康は断絶に至った。家康と断絶し、秀吉と誼を通じていた上杉に帰属する道を選択したことで、昌幸達は新たな難題と対峙することになってゆく。

運命の上田合戦

家康は上杉についた真田家に対し、天正十三（一五八五）年八月二十日、総勢七千の大軍で上田に押し寄せた。対する真田は僅か二千程で、数の上では全く歯が立たない戦であり、昌幸は上杉景勝に対して次男の信繁を人質に出すことで、援軍の要請をしている。信繁は当時「弁丸」と呼ばれた十九歳の若武者であった。この時点で家康の勝利は揺るぎない「必然」だった。しかしこの後、大挙で押し寄せ「真田風情」に肩慣らし程の気持ちでいたであろう家康軍にまさかの事態が起こった。

奇跡の神川合戦大勝利

徳川軍との戦いは上田で行われたが、それについては二つあり、この戦いは「第一次上田合戦」とも呼ばれている。戦の様子は『三河物語』等に書かれ、その戦はまるで絵巻の様に華麗で、計算し尽くされた「真田力」が存分に発揮された戦だった。

徳川軍はまず佐久方面より進軍、千曲川を渡り、国分寺を経て上田に兵を進めた。信幸は父の策で手兵を引き連れ、神川に出動、そこでわざと負けて退去するふりをして敵を城下へと誘き寄せた。徳川勢は騙されているとも知らずに勢いよく城下へ押し寄せる。すると信幸らは突如脇に隠れるが、彼らはそのまま大手に押し寄せ、門内に攻め寄せていく。すると真田兵は二の丸内に退去、徳川勢はさらに彼らを撃追した。しかし堀が深くて思うように進めず、今度は門を押し破ろうと試みる。それをみた真田兵達はあらかじめ用意してあった大木を切って落としたので門の所にいた徳川勢は多数の死傷者を出し、混乱を極めた。そこで更に城の堀や櫓の上から一斉に弓を射、鉄砲を発射、徳川勢は大混乱に陥った。昌幸は城中で敵の様子を聞くや否や、太鼓で合図をだし、城の門をあけて精鋭部隊を始めとして一度にどっと打って出た。徳川勢はこの時指揮官不在の寄合部隊であったばかりか、更なる猛攻撃にもあい、皆ちりじりに敗走していった。それから昌幸は町家に火をつけ、煙に逃げ惑う敵兵を猛追した。敵はなんとか東の科野大宮社まで退いたが、真田兵は南側面からも攻撃を仕掛け、結局徳川勢は大打撃を蒙り、ひたすら国分寺に逃げ惑った。彼らが神川を退路に使うと察知した昌幸は、上流に築いてあった堰を切り、洪水を仕掛けたため、徳川兵は水攻めにより兵千三百を失った。対して真田の被害はごく僅かであり、信幸はこの勝利を「去ル二日国分寺ニ於テ一戦遂ゲ、千三百余討チ捕リ存分ニ任セ候」と得意げに沼田に報告している。しかし何と言ってもこの合戦の興味深い所は「城地に二里四方の農民も篭城、彼ら合計三千余人、百姓から女子供に至るまで石などを投げさせた」と『加沢記』に記されている様にまさに「領民と勝ち得た勝利」であったことだ。これは真田の特筆すべき点の一つといえるだろう。ただ、領民を総動員して得た勝利とはいえ、徳川が再攻を仕掛けたらただでは済まなかっただろう。しかし徳川方に揉め事がおこり、再攻どころでなくなったことも彼らにとっては幸いであった。この戦の勝利で、真田の名は一躍天下に響き渡った。しかし繰り返すが、善戦とはいえ苦しい戦であったことには変わりなく、戦いの最中に昌幸は秀吉に書状にて援助を求めている。これに対し、秀吉は昌幸に「委細の段聞き召し届けられ候、その方進退の儀、何の道にも迷惑せざるさま申し付くべく候の間、心易かるべく候、小笠原右近大夫といよいよ申談じ越度なき様にその覚悟尤もに候」（よくわかったので安心するように）との返書を送っている。

天正十五年（一五八七）年正月、秀吉は真田に上洛を命令、次いで三月家康にも出仕させた。こうして一度は断絶を見た徳川と真田であったが、秀吉を前に徳川との臣属関係を再開させた。

「大名」真田家の誕生

秀吉が天正十八（一五九〇）年七月、大規模な小田原攻めを行い北条氏は降伏、当主氏政は切腹したことで秀吉はとうとう念願の天下統一を果たす。と同時に大名の配置換えを開始、北条氏の遺領は家康に渡ることとなり、徳川は本拠地を江戸に移転した。この間各地で全面的な配置換えが進む中、秀吉直臣として昌幸だけは例外的に小県郡の本領が安堵された。秀吉政権下で信繁を人質に出したとはいえ、その信繁も秀吉に寵愛されたばかりでなく、信幸もまた信繁と同じ、従五位に任命されるなど、その姿はかつての祖父幸隆と昌幸が武田家でうけた「古参」扱いの時と同じだった。昌幸は大名として大変順調な滑り出しをみせていた。

真田家の城と城下町

天正十一年（一五八三）年の上田城築城についてであるが、現在城に関しては真田家家臣で松代藩士の竹内軌定編『真武内伝』の記事からの情報のみとなっている。後の関が原の合戦で破却されてしまったためだ。しかしながら、松代藩中の伝承であることを鑑みると、この推測も「事実として伝承」されていたのだろう。それによると本丸、二の丸、三の丸があり、三の丸の周囲の土居・櫓台上にも隅櫓や土塀を巡らせた、後の仙石氏以降よりも雄大な城だったようだ。またこの時昌幸は先祖の地、真田家の「お屋敷」のあった原之郷から多くの住民を移し、真田と縁深い海野氏の本拠地である海野之郷からも移住させて原町・海野町周辺を整備した。また家臣たちも集め、侍町や商人、職人の町を造らせたという。街の規模としては『武徳編年集成』によれば、武家屋敷も商家屋敷も惣構の内側に収まる程の大きさだったようだ。徳川との第一次上田合戦において、千鳥掛けの柵などの奇策を立て易かったのもこの街の規模がまとまっていたことが功を奏したといえる。またいざというときの軍事拠点とする目的もあったのか上田は寺院が多く点在している。恐らく寺院を目の届く城下周辺に移動させる事で、直接真田氏が掌握することにしたのだろう。まず海野郷から開善寺（後の海禅寺）と八幡社を移した。開善寺と八幡社は上田城の鬼門の方角に設置され移転前もこの二つの寺社は海野郷では鬼門の位置にあり、これに習ったと推測される。さらには大輪寺、常福寺（後の芳泉寺）と願行寺を移している。こうした「備えが万全」な街並みに、「真田は民と共に戦い、手柄も皆に与える」という考えが浸透し、領民の士気を大いに高めたのだろう。それは昌幸が領民に「先ず馬上の者の儀ハ申すに及ばず、歩行の者又は侍・足軽・中間・小物・町人に至る迄、此の度の働きに付けハ、敵の首一つに知行百石宛与ふべし、偽り有るべからずと申渡しに付、侍分ハ申すに及ばず、足軽・中間・小者・百姓・町人在々所々の者までも勇む事限りなし」としたからであり、その件が『翁物語』に書かれている。

真田の「秘密」

そしてもう一つ真田家を語る上で外せないことがある。それは「真田十勇士」の存在である。信繋が「真田幸村」として大阪城で大活躍をしたという話が、判官贔屓の日本人の気質も手伝ってか江戸時代に人気を博し、それと同時に明治時代「立川文庫」で真田十勇士の名も世間に広まったが、実は彼らの存在は確認されていない。しかし彼らモデルとされていた人間はいたとの説も有る。そもそも、彼ら十勇士を生んだ背景には真田の土地が大いに関係していたといえるであろう「忍者」の存在があった。「真田十勇士」の話にも忍者が登場するが、元々忍者は当時の大名が戦に於いてしばしば用いたという伝説があり、家康も信玄も忍者を雇っていたと伝わる。真田の土地は峠あり、渓谷ありの山間深く「忍者」の修行には最適な場所であったことがそうした伝説を生み出した。そもそも真田には前述したように山岳信仰、修験道の聖地である四阿山があった。これらの一代勢力をも真田氏は取り込んでいた可能性が高いことも彼らの知恵を以ってしてみれば想像に難くない。領民とは深い絆で結ばれ、更に厳しい地の利をフルに生かす人材開発をしていた事も真田家の強さの秘密だった。

「天下人」秀吉の死去、波乱の幕開け

慶長三年（一五九八）年八月秀吉が生を終えた。享年六十二歳。これにより秀吉の遺言で秀頼が成人するまでの間、徳川家康、前田利家ら五大老と、石田三成、浅野長政ら五奉行による合議制での政治が執行されることとなったが、この頃から徳川家康による豊臣政権打倒の動きが活発化を見せ始め、秀吉の遺言にある諸大名同士の婚姻の禁止を無視するなど遺言破りを続々と行っていた。さらに秀吉が足軽時代から気脈を通じていた五大老の前田利家が秀吉没後の一年後に病没すると、

合議制は実質破綻を迎えるに至り、結果として内大臣・正二位で政務代行の家康の権力は絶大となり、勢いづいた家康は帰国した他の大老達を次々と謀反の意ありとして屈服させていた。この頃真田親子は一致して家康に臣属、慶長五年（一六〇〇）年三月十三日付の父昌幸から信幸宛ての病気見舞いの書状からもその様子は窺える。こうした中、家康は諸大名を次々と自らの手中に収めていたが、上杉だけは家康の意には沿わず、再三の命令に一切応じなかった。これに怒った家康は「秀頼様に謀反の意あり」として諸大名に上杉討伐を言い渡した。あくまでも政務代行の一環であり秀頼の為の出兵という「建前」のもとであった。しかしこれに対し長束正家、増田長盛、前田玄以の三奉行が逆に家康に対し「内府違いの条々」を突きつけ、家康に宣戦布告をした。こうした家康の一連の動きは全て家康に対する「不穏分子」を一掃するための策略だったともいわれているが、結果、彼ら三奉行たちや石田三成、上杉景勝は、その挑発にのってしまった。この時真田親子は『松城通記』に「昌幸、信幸、信繁父子兄弟三人共に公に随い」とある様に依然家康に同行していたが、彼らの預かり知らぬ所で起きた不穏な争いの渦は、真田家を巻き込み最も辛い決断を彼らに迫った。

家康の命で会津討伐に下野の犬伏に出陣していた昌幸の陣に増田等豊臣奉行達からの密書が届き、その結果父昌幸と次男信繁は三成方、長男の信幸は家康方につくことになった。

大きな理由の一つとして昌幸の娘婿と三成の妻は兄弟で、信繁の妻は三成の盟友大谷吉継の娘であり、信幸の妻は徳川四天王の本多忠勝の娘の小松殿である事も起因したともいわれているが、これらは『滋野世記』等にも記されているとはいえ、今もって詳細は詳らかとなっていない。しかしそんな中でも『滋野世記』にある「ヶ様ノ時ニ父子引別レ候モ、家ノ為ニハ能キ事モ有べシ」と昌幸は語ったという。この一言に如何なる難局もあらゆる戦術を駆使して生き残る「真田力」で生きる彼らの前向きさが見て取れる。第二次上田合戦はこうして幕を開けた。

懊悩煩悶の第二次上田合戦

家康はまず宇都宮へ秀忠を出発させ、続き自身も江戸を出発した。秀忠はなるべく上田を滞りなく通過したかったのか領地沼田にいた信幸に合流を促す書状を送っている。信幸としても家族と戦うことは避けたく、父昌幸と国分寺にて会談持つことにした。すると、秀忠軍が上田近くまで迫った頃に昌幸から信幸を通じて降参を言い渡してきた。早速秀忠は赦免を決めて昌幸に伝えた。しかし後日これは信幸の顔を立てただけの偽りと判明、秀忠は即刻総攻撃にかかった。このときのことを、秀忠は羽柴右近宛の書状の中で「よって真田安房守こと、頭をそり罷り出、降参すべきの旨、真田伊豆守を以って種々詫言申し候間、命の義相助くべきと存じ、昨日使者を以って申し入れ候のところ、今日に至って存分に申し候間、赦免するには能わず候、然る間、急度相働くべき条」と認めている。この時秀忠三万八千に対し、昌幸、信繁勢は僅か二千五百だった。これが第二次上田合戦の始まりである。ここでも彼らは領民上げての総力戦を展開、さらに上田城の東方の虚空蔵山に伏兵を隠してから神川の水を堰き止め、徳川方を挑発して城壁近くまでおびき寄せては鉄砲の一斉射撃を行うと信繁軍率いる一隊が突撃、徳川軍を押し返した。さらに神川の堰を切断し、徳川軍を散々に破っている。このように昌幸・信繁親子の計略張り巡らせた巧みな戦に秀忠軍は前回の父家康軍の時と同様に撤退する他なかった。

しかしこうした昌幸達親子の奮闘は、惨敗とも言える西軍の一筋の光明に過ぎず、結果たった一日の戦闘により西軍は粉砕。この時信繁の義父大谷吉継は戦死した。天下は家康の手に移り敗者となった昌幸と信繁は、信幸の必死の助命嘆願で高野山に配流が決まった。家康親子を散々に苦しめた上田城は、徳川家に接収された後破却され、後に信幸に渡された。そのときの上田城の様子について徳川幕府編纂書の『寛永諸家系図伝』に「関ヶ原御帰陣の後、真田の城にいたりて、堀をうめへいこぼちて、その城を守る、そののち、きん命によりて城を真田伊豆守信幸にわたす」と書かれている。これは、上田城が廃城となった事を意味し、特に本丸二の丸といった中心部は徹底的に破壊され、全く機能しなかった事が推測できる。慶長五（一六〇〇）年の家康の書状には「上田は親の領地であるから、それを没収の上は異議なく信幸に与える」としているものの、この城の様子に内心の昌幸達に対する家康の相当の怒りが窺い知れる。信幸は戦の後、徳川家に対して翻意がないことを示す為、真田家縁の「幸」を「之」に改名した。

「耐える男」初代上田藩主・真田信之

沼田と併せて上田を支配することとなった信之は、上田と沼田にそれぞれ重臣を置くことを決めた。これは信之の留守時も領政を安定させることが目的で、上田には家臣団筆頭の矢沢但馬守頼幸らを置き、沼田へは原長左衛門ら古参の家臣を置いた。ここでは上田での領政中心に述べることにする。まず信之は大幅な土地の検分を行い、改めて知行地を与え、さらに家臣団の軍事の大幅な編成を行って統制力を強化した。また中心部を避けた場所に堀をめぐらせた屋敷を構え、上田と小県の整備にも当たったので、結果大幅な城下町の拡張が進み、後の上田城下の基礎と繁栄に信之は大いに貢献した。特に原町や海野町の区画整理は、上田の経済の中心地となって今に至っている。そして「城下を囲う」ため、周辺の村を城下町の外に移住させた。これら村々は東南、北西、西南、北東に八カ所有る入り口に置かれ「城下の八邑」と呼ばれている。また彼ら住民には屋敷地の無年貢等の優遇措置をとるなどして、積極的に上田の領土支配に当たった。また、信幸は関が原以降、「幸」を憚って「信之」としたが、上田市立博物館同様真田氏ゆかりの品々を数多く展示する真田歴史館に現在展示され、真田家が代々信奉した山家神社辺りにあった白山寺に関しての慶長十三（一六〇八）年の書状には、はっきりと「幸」の字を見ることができる。ごく近しい場所では「幸」をそっと用い続けることで、心中は父と弟との絆を大切に持ち続けていたことを信之は静かに示したかったのかもしれない。その最愛の弟信繁が死んだ大坂夏の陣後、今まで沼田と併せ支配していた信之は、沼田を長男の信吉に任せ自らは上田の藩邸に住み、本格的支配に取り組んだといわれている。相次いだ戦乱で領土を離れた農民を呼び戻し、土地開発をする場合は一定期間課役を免除するなどのいろいろな優遇措置を講じ、百姓定住策もとった。また当時主家を失った浪人達の乱暴狼藉が社会的に深刻化していたため、そこで通行人に宿を貸す事を禁止したり村に定住希望者は代官に申し出ることを命令するなど、積極的に改革を行った。と同時に、幕府にも忠義を尽くして真田家の家督の務めを立派に果たした信之だったが、後に心が折れるようなできごとが信之を襲う。松代への転封だった。

上田、小県が真田にとってどんなにか離れがたい土地であることは言うまでもないが、幕府からの命令とあれば仕方がなかった。皮肉にも「領民との関係が良好すぎた」ことがかえって幕府の警戒心に火をつけた。長期の信頼関係がある氏族と領民の絆は幕府との関係より上、と領民が思うのは至極当然であり、これを幕府が火種と感じるであろうことも予測できたが、当年五十八歳の信之にとっては、晩年ともいえる年齢での松代転封は相当辛かったようで「尚々、我等事もはや老後に及び、万事入らざる儀を分別せしめ候へども、上意と申し、子孫の為に候条、御諚に任せ松城へ相移る事に候。様子に於いては心易かるべく候。」と家臣に心情を吐露している。しかし形としては長男信吉の沼田領と併せ十三万石になる、いわば栄転である。信之の脳裏には様々な思いが去来したことだろう。信之が上田藩主となって二十二年後のことだった。

信之の思い

上田城築城四十年にして、愛着ある故郷から自分までも去ることになった。ここで徳川との戦が二度も行われた。初めの戦いは父と弟と共に今の主君家康を散々に打ち破り、自分も得意の絶頂だった。二度目の上田での戦は、お家存続のために血の涙を流し、敵方についた尊敬する父と信頼する弟と惜別した。その父も弟も既にこの世にはいない。千曲川も、四阿山も領民も、そこにある全てを自分は愛していた。身を切られるような思いが全身を駆け巡った。もともと真田は戦国以来の地侍が多く、松代へは赴かずに上田に残留した者が多かった事も信之にとっては痛手だったと思われる。しかし信之はこれまでも「真田」のためにひたすら耐えてきた。きっと「何があろうと『真田』を守らねば」と、歯を食いしばり、次から次へと涙と共に溢れる郷愁の念に目を瞑り、次のビジョンを描きながら、上田に別れを告げたことだろう。

波乱万丈の時代を強く逞しく、その非凡な才能と戦略を以って常に前向きな生き方を貫き通した真田家の男たち。

彼らの愛した太郎山は、今も昔と変わらない美しく気高い姿を今に伝えている。

真田氏ゆかりの上田市街地周辺と真田周辺の史跡観光案内

彼らの人生の軌跡を主に信繫を取り巻いた祖父幸隆、父昌幸、そして兄の信幸を中心にして追ってきた。そこで今も上田市に数多く点在する真田氏縁の史跡を紹介したい。現在真田町は上田市と合併し、「新生上田市」として更に真田色がパワーアップしている。そこでどこにおいてもまず、元来からの上田市である「上田市街地」と旧真田町である「真田方面」の二つのブロックに分けて見学することをお勧めする。まず、上田市街に広がる史跡を案内する。

真田幸村公騎馬像

上田駅前　お城口を出てすぐ。

上田駅を出ると水車と共にまっすぐに武将の凛々しい銅像が目に飛び込んでくる。まずここで記念写真を撮るのもいいかもしれない。この近くには「竹風堂」という信州の老舗の店舗もある。さらには駅の売店でおやきなども売っており、お土産を買うには事欠かない。

上田城址公園

上田市二の丸六二六三番地イ

上田駅お城口正面からまっすぐ「中央二丁目交差点」を左折約十二分

上田駅からは、「六文銭の町」を感じながら歩くことをお勧めするが、バスも出ている。バスの場合は、上田市街地循環バス赤運行にて公園前で下車。以下、城址公園には以下三点の真田観光スポットがある。

上田城

電話　〇二六八－二二－一二七四

徳川の大軍を二度にわたり退けた平城。現在の門は前述のとおり仙石氏時代の物で櫓内部には信之正室の小松殿所用と伝わる駕籠が展示されている。入園は自由（櫓の内部見学は有料で八時半から十七時まで）。

真田神社

上田城跡すぐそば、元々は幕末の藩主松平氏を祀った松平《しょうへい》神社といったが、後に上田神社と改名し、現在は仙石氏、真田氏も祀られて真田神社となった。

中は大変深く横から太郎山へ続く抜け道があると伝えられる真田井戸がある。神社の境内にはお守り等が売られ、記念撮影のスポットとなっている。また入り口には珍しい形をした酒樽のような形の茶室が並んでいる。

真田神社

上田市立博物館

上田市二の丸三－三
電話　〇二六八－二二－一二七四

開館時間午前八時半より十七時まで、入館料は博物館、上田城櫓共通観覧料金である。主に真田昌幸の具足など、昌幸関連の物が多く所蔵されている。館内には博物館発行の上田城の史料集なども発売されている。

上記、この三カ所は公園内にすべてあるため、上田駅にて、真田幸村公の騎馬像を見学した後は、この公園を目指していくことをおすすめする。

上田藩主居館跡（長野県上田高等学校）

上田市大手一－四－三二

（上田駅お城口より徒歩八分・外観のみ見学可能）

長野県屈指の名門校、長野県上田高等学校の校門として表門は使用されていて、他に土塀、堀が現存している。上田城址公園からは徒歩五分ほどで到着する。門のみ見学が可能なため、外観からの見学のみとなるが、この門の格調の高さは往時を彷彿とさせる存在感に溢れている。一見の価値あり。またこちらの学校の生徒のジャージにはなんと「六文銭」が施されているものがあるらしい。またこの濠の中にいる鯰をみると成績が上がるという高校生ならではの微笑ましい伝承がある。

長野県上田高等学校校門

＊この上田城址公園と、上田高等学校の間には上田の観光会館がある。この会館をはじめとして、公園の周辺にはトイレが何箇所かあり、公園には椅子も多いのでゆっくりと見学できる。桜、つつじなど花が美しい癒しのスポットだ。観光会館にはお土産も売っている。

大手門跡

上田駅から徒歩五分　上田市商工会議所前

上田市の中心街である。「中央交差点」を右に行くと上田商工会議所前にある。ここは鍵の手になっていて、約道路幅分を右にカーブしており、敵の侵入を防ぐ形が現在もそのまま残っている。カーブ右には「大手門公園」があり説明看板がある。（ただし、ここは公園といっても非常に狭いので注意してほしい）非常に道が複雑なため徳川軍も大変難儀したことだろう。ぜひ立ち寄って、一躍真田の名を天下に轟かせることとなった華麗なる真田の戦絵巻に思いをめぐらせていただきたい。

上田城大手門（上）願行寺（下）

願行寺

上田市中央二－十六－十四
上田駅より徒歩十分

願行寺のご住職に直接伺ったお話によると、地元の歴史研究者の方の見解ではで元々、願行寺は信之が建てた上田藩主居宅跡の前にあったという。現在では移転しているが当時のお寺の場所があった所から鑑みて、真田氏がこのお寺を自分達の出身族海野氏の氏寺として非常に重要視していることが窺えるとのことだそうだ。さらに願行寺の目の前がこのお寺の参道であり、その参道が上田城に続いていることや、上田に移された経緯からもその歴史研究者の方々のお話は確かに十分すぎるほどの推測が成り立つと言える。門は昌幸当時のものであるので、一度門の前に立ち、昌幸が大切に守った貴重な「心の故郷」のお寺を目でじかに見て感じてほしい。

科野大宮社

上田市常田二-二二-三一
上田駅より徒歩十五分

通称「大宮さん」と地元の人には呼ばれている。上田の城下町が形成されて後も代々藩主の崇敬厚く、破損した際は上田藩が直接修理を行ったと言われている。徒歩圏内に信州大学がある。

八幡神社

上田市中央西二-一二-二八
上田駅より徒歩二十分

昌幸が上田築城のときに鎮護のために移転したと伝わる。真田氏は当然ながら、後に藩主に就任した仙石氏、松平氏の信仰も篤く藩主自らたびたび参詣したと伝わる。

池波正太郎真田太平記館

上田市中央三‐七‐三
電話〇二六八‐二八‐七一〇〇

上田駅から徒歩十分
開館時間は十時から十八時まで

真田一族を有名にし、その活躍を全国的にお茶の間に釘付けにした『真田太平記』の紹介がされている。池波正太郎遺愛の品の展示、喫茶スペースもある。

月窓寺

上田市中央六‐四‐一三
上田駅から徒歩十五分

この寺院は、真田幸隆の兄弟で信繫の大叔父が開基したが戦で廃寺となっていたのを信繫が再興したと伝わる。信繫が自らの馬具を納めたという話があるそうだが、お寺で直接お話を確認したところそれについてはいわゆる「都市伝説」のようなもので、現在そういう品々は確認されていないと伺った。しかしながら、彼の法名は「月窓伝心」ともいわれていることからもこのお寺に対する信繫の愛着が偲ばれる。この寺の中には幕末の志士赤松小三郎の墓もあるので、真田信繫を感じつつ、近くに長野県一帯で展開する大型スーパー「ツルヤ」で花でも買って、信繫と同じ上田の偉人赤松小三郎の遺髪墓に花を供えてみるのもいいだろう。赤松小三郎については同じく現代書館より刊行されている『「朝敵」と呼ばれようとも』で、彼の詳細が述べられているので参考とされたい。上田の中でも歴史と伝統ある寺院なので必見である。

大輪寺

上田市中央北一‐五‐七
上田駅よりタクシーで七分、または徒歩二十五分昌幸の正室寒松院開基である。信之が松代に転封した後は一時衰退したものの、仙石氏の家臣に帰依する者が多かったため、勢いを取り戻し現在に至っている。中は非常に歴史に裏づけされた伝統を感じさせるお寺であり、上品な趣にあふれている。また屋根のところなどに「六文銭」をみることができる。また寒松院の墓は境内の裏にあり、墓地の上のほうにある。また、本堂には大変貴重な昌幸夫妻の位牌もある。

海禅寺（開善寺）

植出中央北二ー七ー五五

上田駅よりタクシーで十分または徒歩三十分

昌幸が海野氏縁の地から八幡社と共にこの場所に移した、今も上田市を守る鬼門の守護寺である。このお寺から柳町まで水が流れているという。

また年に一度人形供養等も行われている。お寺の近くにはたいやきなどを売っているお店などもあって、お寺を出てからの上田市街地散策のお供にお勧めである。

芳泉寺（常福寺）

上田市常磐城三ー七ー四八　上田駅より徒歩二十二分

土蔵造りの家がたち並ぶ、非常に風情がある場所に建つ。上田市の「歴史の散歩道」にも指定されている。ここは、信之正室の小松姫の菩提寺である。そのため、金色に輝く「六文銭」と「三つ葉葵」が同時に見られる場所でも有る。境内は非常に綺麗で比較的新しく整備されている。分骨された小松姫の墓もある。ここの寺院の興味深いところは信之の後に藩主に就任した仙石氏の菩提寺であるため、仙石家の霊廟も見学ができるという点だ。

この先三百メートル程の場所に映画『たそがれ清兵衛』のロケ地になった「丸山邸」があり、ここに月窓寺の項目でも触れた「赤松小三郎記念館」がある。

「石」の街の周辺地（現在の上田西小学校付近）

ここは、上田城の石垣をここから運んだと伝わっている。しかしながら、現在は住宅が建ち、目印もなく、その面影は一切とどめていない。ただ、ほかの寺社から徒歩圏内にあるので、当時に思いを馳せる散策に通り過ぎてみるのはいいかもしれない。

信濃国分寺

上田市大字国分一〇四九
信濃国分寺駅徒歩八分

昌幸と信幸が第二次上田合戦の際、会談を持った場所である。現在は会談を持ったとされる本堂はなく、当時からの建物は重要文化財に指定されている三重塔がある。これは源頼朝が建立したと現地のガイドの方から伺った。境内は無料で観覧できる書籍がある休憩スペースもある。本堂の中にはお守りやおみくじもあるなど、くつろぐには非常に適した場所である。幹線道路が近くにあるせいか、賑わいを感じる場所の近くにそっと建っているような場所である。また、すぐ近くに「信濃国分寺資料館」があり、ここには信濃国分寺の歴史等が紹介されている。

（これらのスポットは上田市街地である。駐車場がある史跡もあるが、繁忙期はかなり混み合うと思われる。そこで、「まちなか無料レンタサイクル」がおすすめだ。時間は九時から十九時まで。受付は十七時まで。予約不可。上田市観光課　〇二六八－二三－五四〇八）

街中に施された六文銭探しと併せて自転車で爽やかに駆け抜けていただきたい。

これからは、真田の「懐」旧真田町周辺と上田市郊外にあるその荘厳かつ厳粛佇まいに思わずため息が出る生島足島神社を案内する。生島足島神社は交通の便はよいが、真田周辺はとにかく山がきついので、徒歩というよりもサイクリングで信州の清清しい景色と共に真田を感じてみてはいかがだろうか。電動自転車の貸し出しを「ゆきむら夢工房」という観光案内所が行っている。こちらでは、おやきやそば打ちなどの体験が予約すればできるうえに、お土産も置いている。こちらに行かれてから一気に周遊するか、比較的駐車場も充実しているので車で回るというのがいいかもしれない。ちなみに食事どころは点在しているが多くはないので、観光案内所で聞くことをお勧めする。

ゆきむら夢工房観光案内所

上田駅より「菅平」行き「ゆきむら夢工房」下車すぐ
〇二六八 - 七二 - 二二〇四
前述の通りである。自動車での観光でない方は必ず立ち寄ってほしい。

砥石城跡

上田市上野
上田駅から「菅平」行き「伊勢山」バス停下車、現地案内標識にて徒歩約十分

砥石城は「枡形城」「本城」「米山城」を複合した城郭を形成していた。東太郎山の上に気付かれ、入り口には「六文銭」の幟があり、坂を上ってあがるハイキングコースとなっている。到着するまで、かなり登りも下りもきつい。大体、三時間ほどかかる山城のハイキングコースとなっている。しかし、上がりきるとその眺望に疲れが吹き飛ぶ。上田小県は当然のこと北久方面まで見渡す事もできるため、非常に達成感があるのでおすすめだ。しかし、注意して渡らないと危ないので気をつけよう。また、登山靴まではいかなくとも、最低スニーカーで行く事を強くお勧めする。それほど、道は険しい。自販機もないのでペットボトルは必携だ。入り口は広

場になっていて城址南麓上り口にも駐車場もある。専用トイレも設置されている。信玄が村上義清との間で起きた砥石城の攻防戦の事は「砥石崩れ」としてあまりに有名である。幸隆がこの城を得たことで真田家は信玄の下で隆盛を極めていった。上田合戦においては支柱の城としての役目を担った。

また、アニメ『サマーウオーズ』の陣内家のモデルは真田氏であり、この砥石城跡に屋敷が存在する設定となっている。

良泉寺

上田市殿城一三六三

上田駅より上田交通バス「赤坂」行き「矢沢」下車徒歩五分

幸隆の弟頼綱が創立し矢沢氏の菩提寺となった。信之たちが松代に移ると一緒に移り、ここは矢沢仙石氏の菩提所となっている。本堂には頼綱の位牌（非公開）がある。また、ご住職の奥様のお話によると、矢沢氏縁の塔が寺の墓地内にあるそうで、たまに松代から縁の方がお訪ねになるということだ。真田家の精神的支柱でもあった矢沢家の縁のお寺を一度ぜひ訪ねていただきたい。また、ここの近くに矢沢公園があり、頼綱の居城だった矢沢城跡となっている。良泉寺には二箇所隣にトイレが設置されている。奥様からのお話で、このお寺は山間深いため、駐車場は法要が入らない限りは大きい駐車場があるので、そこを利用してくださいと温かいお言葉を頂いた。こういう「心のご馳走」も旅の幸せの一つである。

矢沢城跡

上田市殿城一五八三
上田駅より上田交通バス「赤坂」行き「殿城郵便局前」下車

良泉寺からは徒歩で行くことができ、現在は矢沢公園として整備され、桜の名所としても知られている。トイレは設置されている。東殿城山の尾根の先にあり、西の砥石城とともに相対して神川の左側の守りのための重要拠点であった。第一次上田合戦の時には頼綱の長男頼幸がこの矢沢城に籠城して上田城を攻める徳川軍に対し横から牽制を仕掛けている。こちらも当時の面影は砥石城同様感じられないが、ハイキングがてらでかけてみるのもいいかもしれない。

長谷寺

上田市町長四六四六
上田駅より「菅平」行き「真田下車」徒歩三十分

ここは、天文十六年に真田中興の祖と呼ばれた幸隆が開基した。後に、昌幸が整備して真田家の菩提寺となったが、第二次上田合戦の折焼失の憂き目をみる。しかし真田氏が松代に転封した時に、松代長谷寺の末寺となった。度重なる焼失のため、古い建物は現存していない。幸隆夫妻と子昌幸の墓がある。自然に囲まれた昌幸と幸隆夫妻の墓が奥に有る。入り口には清流が流れていて水も大変美しい。

またかなり奥地なので普通車の場合、数台程駐車場もあるので車を使用するのが便利である。トイレはオストメイトが設置されて非常に綺麗なトイレである。

山家神社

上田市町長四四七三

上田駅から「菅平」行きバス「真田」下車徒歩五分

山家神社は真田部落にあり、「白山様」とよばれ、奥宮は四阿山にある。四阿山から流れる清流は「上田の生命の水」として古代から人々の崇敬を集めてきている。またこの山家神社には真田家に関する貴重な書物が多数保存されている。永禄五年に幸隆と信綱署名の文書をはじめとして、前述した「真田家歴史館」に展示されている信幸の書状などが数多く残っている。またこの宮の駒形と同じものが昌幸が後に上田に移した科野大宮社である。

真田氏歴史館

上田市真田町本原二九八四-一

電話〇二六八‐七二‐四三四四
上田駅より上電バス「菅平高原」行き「真田地域自然センター」下車徒歩二十五分

ここは真田氏発祥の郷として絶対に外せない場所である。真田氏ゆかりの品々が展示され、また時代劇『真田太平記』で使用された真田親子の鎧も展示されている。また館内には真田の鎧を着た方などをはじめとした数人のボランティアが説明をしてくださる。館内には「真田庵」と呼ばれる場所があり、ここの名物の胡桃とゴマ味のおはぎは手作りでとてもおいしい。また予約をすればほうとうなどの郷土料理も味わうことができる。このあたりにはいわゆるカフェのような場所が一切ないので、ここで一息ついてはいかがだろうか。こちらはふるさと特産品味の研究会（〇九〇）四九五二‐六二七八へ。

真田氏歴史館

御屋敷公園

真田氏歴史館至近

御屋敷公園は真田氏が上田城築城以前に住んでいた場所といわれており、現在はここを公園として整備している。またその跡には皇太神宮が建てられ、その理由として昌幸がここを去った後、この鎮守の意味も込めて昌幸自身が保存を図ったためだとされている。またつつじの名所でもあり公園一帯が約六百株あるつつじで埋め尽くされ、圧巻の一言である。私が伺ったときは地域住民の方が掃除を行っていた。その姿にいつまでもここが神聖な場所であるようにと願った昌幸の思いが人びとの間に現代も息づいていることを感じ、胸が熱くなる思いを感じた。

生島足島神社

上田市下之郷中池西七〇一－甲
上田駅から別所線にて下之郷駅下車徒歩五分
駐車場有

ここは信濃屈指の古社として非常に古い歴史と伝統を持つ事から国土の守り神として歴代の天皇も強く尊崇してきた。戦国時代においては昌幸、信之をはじめとして代々の上田城主も寄進のみならず社殿を修築する等手厚く保護し、敬仰している。またここには国指定の重要文化財である「生島足島神社文書」が全九十四通あり、その中には武田信玄の願文から真田昌幸朱印状などがある。この写しは現在歌舞伎舞台に展示されていて見ることができる。また境内には慶長十五年（一六一〇）に信幸

生島足島神社上社

生島足島神社下社

が寄進した摂社諏訪神社（下社）の社殿がある。境内は大変厳粛な空気に包まれている。駅からも近く交通の便もとてもよい。また駐車場も大きな駐車場があるので、ぜひ、戦国武将の「パワースポット」に一度足を運んで、その美しい社殿に参詣し、真田氏に思いを馳せていただきたい。

〈参考文献〉

芝辻俊六『真田昌幸』吉川弘文館
小林計一郎『真田幸村』人物往来社
平山優『真田三代』ＰＨＰ研究所
藤井譲治『戦国乱世から太平の世へ』岩波新書
清水昇『真田四将伝』信濃毎日新聞社
『真田三代と信州上田』週刊上田新聞社
東信史学会『真田一族の忠実とロマン』信毎書籍出版センター
青木歳幸『上田藩』現代書館
上田市立博物館　『真田氏史料集』
同右『郷土の歴史　上田城』
真田歴史館案内『真田幸隆のふるさと』
長野県上田高校ホームページ
真田氏歴史館案内
上田市立博物館案内

「強者どもが夢の跡」沼田藩の悲劇（群馬県・埼玉県）

中堀勝弘・荻原容子・高橋ひろ子

この章では、群馬県、埼玉県における真田氏に関係する史跡を紹介する。構成は、史跡紹介ではあるが、基本的に時系列を追い記したため、効率的な移動を図るという点からは遠い。

そのため、ガイドブックとして使用するときは、地図を参考に計画を立て直すことをお勧めする。また、史跡は広い範囲に点在しており、山地も多いため、公共交通機関と徒歩のみで巡ることはお勧めできない。小回りのきく車を調達して、出発したい。

一　真田幸隆と武田信玄の時代

鳥居峠　長野県真田町と群馬県嬬恋村との境界

昔、四阿山を遙拝するため大きな鳥居が建っていたことからこの名がついたという。

真田地方から吾妻地方へ抜ける最短の峠道で、真田氏の一統は頻繁に行き来したものと思われる。

上田地方からこの峠を越え、沼田市を通って栃木県宇都宮へと至る全長三五〇キロの街道は日本で最もドイツ的自然景観を有し、近代日本の黎明期にドイツ文化の影響を受けていることから「日本ロマンチック街道」と名づけられた。近くには草津温泉、軽井沢を望む風光明媚な幹線道路である。

諏訪明神　長野原城攻防の地　群馬県吾妻郡長野原町

永禄六年（一五六三）、武田信玄は家臣幸隆に命じ長野原城の守りを固めさせたという。当時、この長野原は幸隆の舎弟・常田新六郎隆永が守っていたが予想通り、岩櫃城主・斉藤越前守憲博は遂に長野原城へ攻め込んで来た。斉藤氏は重臣で長野原羽根尾城主の海野長門守幸光、能登守輝幸の兄弟へ五百騎を、甥の斉藤弥三郎へは二百騎を与え、また白井城主の白井長尾氏にも援軍を請い、真田勢、常田氏に襲い掛かった。

大河ドラマに沸く真田街道

最大の激戦は、この諏訪明神社前で展開されたが、多勢に無勢の真田勢、常田氏は敗退してしまった。岩櫃城攻防の前哨戦ともいえるこの戦いで敗れ、武力攻略の難しさを学んだ幸隆は、転んでもただでは起きなかった。その後、巧妙に海野兄弟・斉藤弥三郎をまるめ込み、戦わずして岩櫃城を陥落させたのである。海野兄弟・斉藤弥三郎は真田の家臣となり、それぞれ海野長門守は岩櫃城代、能登守は沼田城代を勤め、昌幸のもとで勢力を振るった。だが後年、仲間の豪族からねたまれ、讒言により幸隆の子・真田昌幸に討たれることとなる。

岩櫃《いわびつ》城跡　群馬県吾妻郡東吾妻町原町

岩櫃城は、山梨県大月市の岩殿城、駿河の久能城とともに「武田の三堅城」あるいは「関東の三名城」といわれた名城である。

川中島合戦の後、信濃支配を安定させた武田信玄は、次に上州侵略にとりかかり、真田幸隆に攻略を命じた。永禄六年（一五六三）、幸隆はまず、上杉と結ぶ城主・斉藤憲広が守る東吾妻の岩櫃城を二度にわたって攻めた。だが正攻法による武力攻略が難しいことを知った幸隆は、内部切り崩し作戦を敢行。これが功を奏し、「三国一の堅城」といわれた岩櫃城は陥落した。幸隆は信玄から吾妻の守将に任ぜられ、幸隆の死後は長男、信綱が岩櫃城主となった。

岩櫃城跡（上）岩櫃城登山道（下左）岩櫃山（右）

信綱は戦死し、その後三男・昌幸が上田城を築城する以前、この岩櫃城を本城とした。また天正十年（一五八二）には、昌幸はこの城へ、主である武田勝頼を待避させようとしたが失敗、勝頼は自決し、名門武田家は滅亡してしまう（後述・潜竜院を参照）。

その後、この岩櫃城は上田城と沼田城を結ぶ城として戦略的重要性を高め、昌幸の嫡男、信幸が配置された。一六〇〇年、関ヶ原の戦いでは昌幸の叔父、矢沢頼綱が城主となり信幸方（徳川方）の城となった。元和元年（一六一五）、家康の一国一城令により、信之は歴戦の岩櫃城を破却し、城下町を移転した。

現在は跡地が山中に残るのみだが、岩櫃山登山道が整備されている。登山道入口には小屋が建ち、地図やパンフレットが入手できるハイキングコースとなっている。

原町の大ケヤキ　群馬県吾妻郡原町

日本三大ケヤキの一つで、岩櫃城を破壊した信幸が城下町を東吾妻町に移動した際、新しい城下町の基準にしたといわれる大木。岩櫃山の中腹にある子持ち岩とこのケヤキを結ぶ直線上を、町割りの起点としたという。現在は車通りの多い幹線道路の真ん中にあり、撮影は非常に危険なので注意。

原町の大ケヤキ

嵩山《たけやま》城跡　群馬県吾妻郡中之条町

岩櫃城をものにした真田幸隆は、吾妻の経営にあたりながら、岩櫃北の北東キロの地にある嵩山城攻略に乗り出した。この城には、旧岩櫃城主・斉藤憲広の子、虎丸らが立て籠もっていた。幸隆軍との攻防戦が始まると、越後に落ち延びていた憲広の嫡男、憲宗も上杉の援軍と共に入城し、籠城を始めたため、一年以上が経過しても戦況は膠着していた。そこで幸隆は、得意の内部切り崩し作戦を用い、守将・池田佐渡守の内応に成功する（この池田佐渡守はのちに真田の重臣となる）。籠城すること二年、ついに力尽きた斉藤一族は憲宗・虎丸以下自刃。婦女子、子供は岩山より飛び降りて自害したという。

元禄十五年（一七〇二）、嵩山合戦での戦死者の霊を慰めるため百番観音が建立された。現在、中之条町ではこの嵩山周辺をふるさと公園として整備し、町の文化、経済の中心として発展を見守っている。

箕輪城跡　群馬県高崎市箕郷町西明屋字城山

幸隆を起用した信玄は岩櫃、嵩山を落とした後、これらの城を布石とし西上州最大の勢力を誇っていた箕輪城の長野業政の攻略に着手する。幸隆にとって長野氏は、およそ二十年前、海野平合戦で敗れた時、頼って落ち延びた先である。幸隆は、恩を仇で返すこととなってしまったのである。

名将、長野業政は十二人の娘を周辺の豪族のもとに嫁がせて同盟を結び、箕輪城を中心とする一大勢力を築き上げていた。信玄は永禄四年（一五六一）にその業政が病没し、弱冠十四歳の業盛が相続したことを知ると、直ちに上州に侵入し箕輪城攻撃の準備を始めた。長野氏の領域のほぼ半分を奪い、四年後には要衝・倉賀野城も落とし、永禄九年（一五六六）旧暦九月、千五百の城兵をもって防戦する業盛を、武田軍二万は猛攻の末、ついに討ち破り名城箕輪城は落城した。業盛以下、主従が全て自刃し、悲惨な最期であったあという。

以後箕輪城は武田の西上野支配の拠点となり、信玄は、この城の総攻撃の際、先陣を受け持たせた内藤昌豊を城代として配置した。その後、信長の時代には滝川一益が一時、在城したが、信長の死後は北条氏邦が城主となり城を改修した。

天正十八年（一五九〇）、小田原攻めの際には昌幸・信幸・幸村によって城は開城させられている。北条氏滅亡後は家康が家臣の井伊直政を十二万石でここに封し、関東西域の領国化において基盤とし、城下町も整備させた。慶長三年（一五九八）、家康は直政に命じて城下を高崎に移したことに伴い、箕輪城は廃城となり、約一世紀にわたる歴史を閉じた。

長野業盛の墓　群馬県高崎市井手町

長野業盛は戦国時代西上州の要、箕輪城最後の城主であり、永禄九年（一五六六年）、武田信玄の攻撃を受け、討死した。その遺骸は当地の僧、法如らによって葬られたと伝えられている。言い伝えによれば、業盛の父業政は勇猛果敢な武将で、優れた戦術を用い、数回に及ぶ信玄の激しい攻撃にも少しも怯まなかったという。善政によって領民に尽くし、名城主として今も地方では長く語り継がれている。

白井城跡　群馬県子持村

幸隆らによる戦果に勢いを得た信玄は、着々と上野侵攻の実を挙げていった。元亀三年（一五七二）には、かねてから武田方の攻略目標の一つであった白井城を攻撃した。白井城は先の関東管領

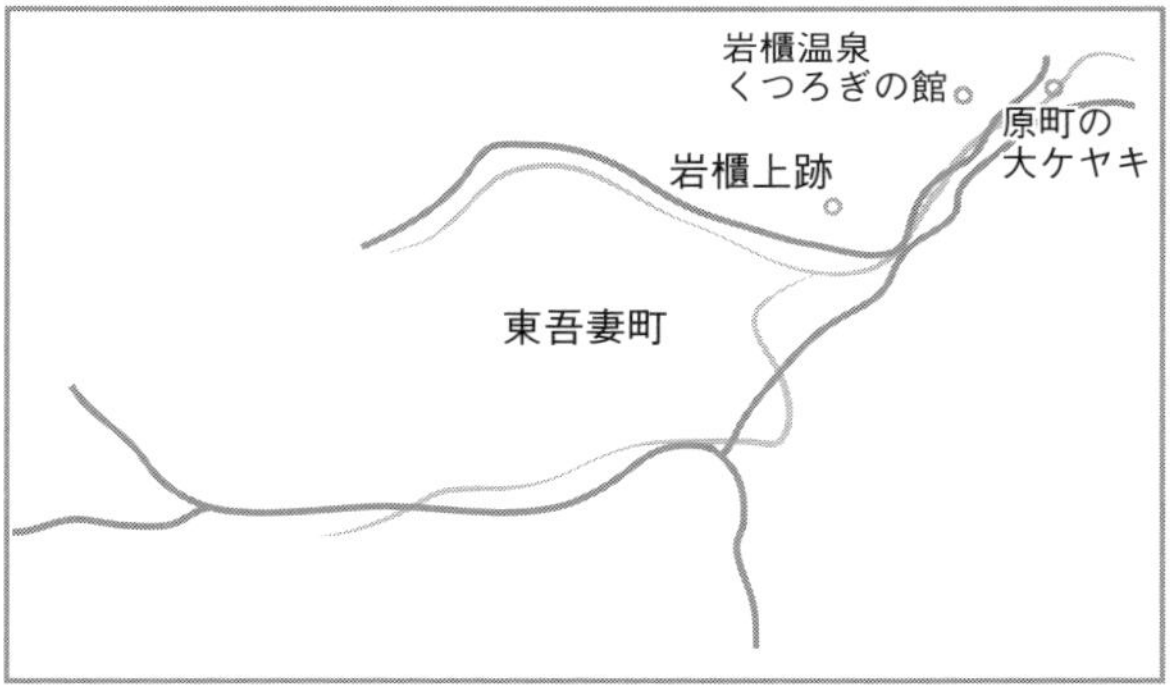
岩櫃温泉
くつろぎの館
原町の
大ケヤキ
岩櫃上跡
東吾妻町

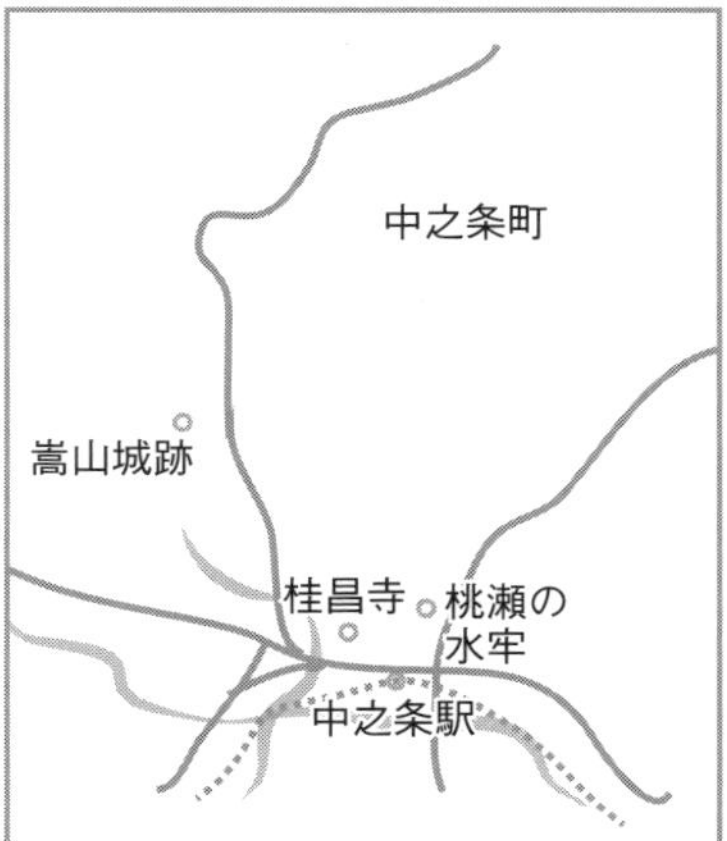
中之条町
嵩山城跡
桂昌寺
桃瀬の
水牢
中之条駅

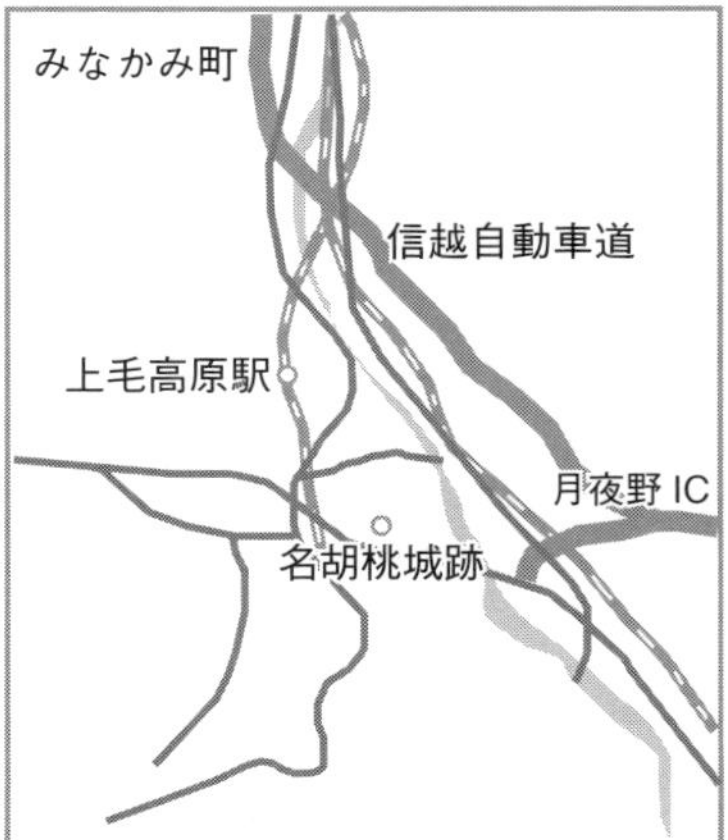
みなかみ町
信越自動車道
上毛高原駅
月夜野 IC
名胡桃城跡

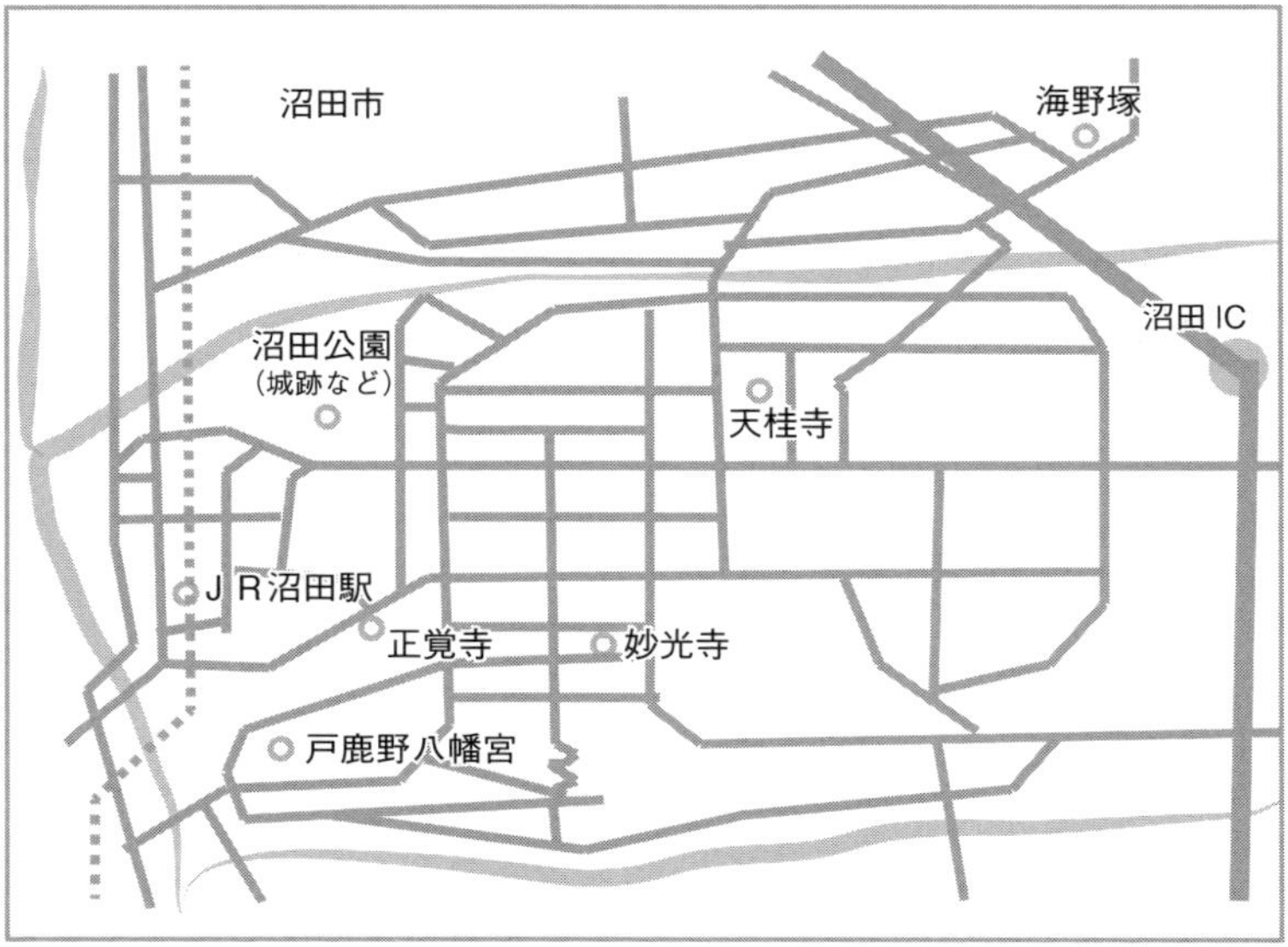

上杉氏の重臣で謙信とも縁続きになる長尾憲景が守っていたが、幸隆らは苦も無くこれを攻略、またしても幸隆得意の調略によるものであったという。この頃になると嫡男・信綱は一人前の武将として認められたようで、信玄からの書状には幸隆と連名で宛てられたものが残っている。幸隆・信綱父子は上野での上杉との戦いにおいて信玄から全幅の信頼を受け、重要な役割を果たすようになった。

白井城は康元一年（一二五六）、上野国守護上杉氏の家臣、長尾氏（白井長尾氏）によって築城が始められた。利根川と吾妻川の合流点に北から突き出した台地の先端に築かれ、自然の要害を利用した平城で大城郭であった。

白井長尾氏は越後長尾氏、武田氏、滝川一益、北条氏と時代と共にその配下となって活躍したが、天正十八年(一五九〇)小田原攻めの際、前田利家に攻められ滅亡した。城は家康が自らの譜代を封じたのち、寛永元年(一六二四)廃城となる。尚、城下の旧三国街道白井宿は古い景観を保ち、昔の街道の面影を残していることで近年有名となった。

二 真田昌幸と武田勝頼の時代、そして信長

沼田城跡(沼田城址公園) 群馬県沼田市西倉内町

武田信玄が没し時代は勝頼に移っていた。天正三年(一五七五)、真田昌幸は家督を継ぐと、父・幸隆、兄・信綱にならって上州方面の経営に力を注いでいった。その三年後、上杉謙信が死ぬと、相続をめぐって上杉家で二人の養子(景勝・景虎)が争い、最終的には景勝が跡を継ぐことになる。この間、上杉が支配していた上州方面はすっかり手薄になり、北条勢が侵攻してきていた。

武田勝頼から上州沼田攻略を任された昌幸は、叔父の矢沢頼綱をして正面から沼田城を攻めさせると同時に、周辺部を攻略、沼田城対岸にある名胡桃城の鈴木主水などを味方に引き入れることに成功する。天正八年(一五八〇)旧暦五月、昌幸は父・幸隆から受け継いだ内部切り崩し戦術により、沼田城を陥落させた。以後、沼田領は長年にわたり、真田氏による支配が続くこととなる。

沼田城は天文一年(一五三二)、沼田顕泰が最初に築城したといわれる。関東、越後、会津を結ぶ要衝の地にあるため、上杉、北条、そして武田の命を受けた真田家が覇権をめぐって熾烈な争奪戦

沼田城本丸跡

沼田城鐘楼（上）石階段（下）

を繰り返した舞台である。北条氏滅亡後は昌幸の長男・真田信幸が、初代城主となり、以後代々、真田家長男がこの城を治めた。

（以後の沼田藩と沼田城の運命については、この章の最後に後述する）

平八石　群馬県沼田市沼田城址公園内

沼田城址公園に残る伝説の石。沼田平八郎景義の首級を載せたという。平八郎は沼田城を築いた沼田氏十二代・顕泰の側室の子で、摩利支天の再来とまでいわれた勇将であった。永禄九年（一五六六）、顕泰は三男の朝憲に家督を譲り、側室とその子・平八郎を連れて沼田の北、川場村に隠居した。しかし、側室の兄・金子美濃守は、平八郎を沼田城主にしようと野心を抱き、顕泰に朝憲殺害を働きかける。そして顕泰と平八郎は共謀し、三男・朝憲を殺してしまう。この知らせを受けた沼田城勢は怒り、顕泰と平八郎たちを会津方面へ追い落としたという。その後、顕泰、側室は死に、沼田城も上杉から北条の手に移り、さらに武田の配下・昌幸の治める領地となった。その間に平八郎の叔父・金子美濃守は、顕泰と平八郎をそそのかした罪を問われることなく、歴代の城主に要領よく仕え、昌幸にも取り入っていた。

天正九年（一五八一）、かつて追い落とされた平八郎は、三千人の旧臣や農民の支持を得て、ついに沼田城奪還に立ち上がった。容易ならざる事態と感じた真田昌幸は、家臣の金子美濃守を呼ぶと、「甥の平八郎を討ち取れば、土地一千貫文を与える」という約束状を渡し、さらに計略を授けた。金子美濃守はさっそく平八郎のもとへ行き、甘言をもって平八郎を沼田城外、町田の観音堂におびきよせ、謀殺してしまった。昌幸はその際、この石上に平八郎の首級を載せて首実検をしたと伝えられる。金子美濃守は大悪人として、後世に名を残したのである。

林昌寺　群馬県吾妻郡中之条町

平安時代、創建された天台宗の寺。戦国時代荒廃するが、天文十八年（一五四九）、真田幸隆の弟・矢沢頼綱によって再建され、河原町、長岡を経て現在の場所に移る。昌幸より六文銭の寺紋と改修の資金を与えられ、以後、信之・信吉・信政など沼田真田氏の保護の下に寺勢を伸ばした。現在でも六文銭を寺紋としており、屋根やいたるところに真田家紋の六文銭が見受けられる。境内には桜の古木があり、枝垂桜の名所となっている。

戸鹿野《とがの》八幡宮　群馬県沼田市戸鹿野町

戸鹿野八幡宮は沼田城主代々の守護神であった。沼田城主、沼田顕泰が享禄三年（一五三〇）に後閑八幡宮を迎え現在地に祀り、城の守護神とした。城主が苦戦した際に山鳩多数が敵陣上空に舞い、敵を混乱させ勝利を収めた地ともいわれる。天正八年（一五八〇）、昌幸が出陣に際し祈願して以来、代々武神として崇敬されたようで、真田家が戦いにのぞむ前にはいつもここで必勝祈願をしたという。境内には、信州伊那郡上戸村の石工による亀甲積みの石垣、大鳥居をはじめとした多くの石造物がある。亀甲積みの石垣は坂道の車道に面しているので、すぐ見つけられる。

日向見薬師堂　群馬県吾妻郡中之条町四万温泉

沼田攻略により、吾妻郡一帯も昌幸支配の沼田所領地となった。この薬師堂は、慶長三年（一五九八）、沼田初代城主・信幸の武運長久を祈願して建てられた。この建物は重要文化財に指定されている県内唯一の寺院建築であり、現存の寺院建築として県内最古のものである。薬師堂の前の建物は「お籠堂」と呼ばれ、一六一四年に建てら

林昌寺の真田家紋

戸鹿野八幡宮

れた。湯治客が病気を治すため読経、断食、水ごりなどの荒行をするためこの堂に閉じこもった。この薬師堂とお籠堂は温泉と結びついた薬師信仰を物語る建物として貴重視されている。

海野長門守幸光の墓　群馬県吾妻郡長野原町羽根尾

吾妻から沼田にかけて独自な実権と基盤形成を着々と整えつつあった昌幸のもとに腹心から海野長門守・能登守兄弟に逆心の企てが明確に見られるようになってきたとの報が届く。海野兄弟（羽尾氏）は、長野原合戦では岩櫃城主・斉藤氏の大将として奮戦した。その後、真田方についた羽尾氏は、岩櫃城攻略の功により幸隆から岩櫃城代に任ぜられた。幸隆の死後は武田勝頼・昌幸からも岩櫃城及び吾妻郡代を一任されていた。

天正九年（一五八一）旧暦十一月、甲府在陣中にこの報を受けた昌幸は、叔父であり、海野能登守の子を養子としている矢沢頼綱に相談した。頼綱は兄弟が北条方へ味方することを恐れ、早急の誅罰を進言する。これを受け昌幸は、弟の信尹《のぶただ》（信昌）を総大将として吾妻にいる手勢に兄弟を討伐させた。長門守は岩櫃城の館を包囲され居館に火を放って自刃、能登守は沼田で父子互いに刺し違えて壮絶な最後を遂げた。長門守七十五歳、能登守七十三歳であった。長門守は旧領だった羽根尾城山麓のこの地に葬られた。海野兄弟を失った羽根尾城は、二年後には昌幸の命により、草津の湯本氏が在城することとなったが、いつ頃廃城となったかは定かではない。

海野兄弟は勇猛果敢な武将で真田にとっては強力な戦力であった。しかし、高齢で「奢り強き者」「高慢甚だしき者」（『古今沼田記』）となり、海野兄弟を同格とみる吾妻の諸将から反感をかっていた。昌幸からすると、こうした古株の存在は吾妻地方での実権と基盤を伸展させていく上で、有害無益なものとなっていた。昌幸は腹心からの讒言を、絶好のチャンスと捉え海野兄弟を討伐したと言えるかもしれない。

海野塚（海野能登守父子の墓）　群馬県沼田氏岡谷町

海野能登守輝幸は当時、昌幸から沼田城二の丸城代に任ぜられていた。昌幸の弟、信尹から襲われた能登守は「主君に二心無き証をたてん」と迦葉山を目指す途中、女坂といわれるこの坂道で追撃され、嫡男幸貞と刺し違えて自刃した。父子はこの地に葬られ、海野塚と称された。

潜竜院（岩櫃山南面）　群馬県吾妻郡東吾妻町

天正九年（一五八一）旧暦一月、長篠の戦に敗れた武田勝頼は復権を賭け、昌幸に命じて韮崎に新府城の築城を始めた。工事は急ピッチで進められ、その年の十二月に勝頼は本拠地をつつじヶ崎館から新府城に移す。翌年旧暦一月、勝頼の義弟、木曽義昌が勝頼の課する重税に腹を立て謀反を起こした。織田信長はそれを合図に家康・北条らと四方から武田領に乱入。信長軍の猛進の前に武田方では信玄以来の諸将が続々と寝返り混乱状態となる。勝頼は新府城に籠城しようとしたが、城は未完成、兵力も残っておらず進退に窮してしまった。この時、真田昌幸は進み出ると、かつての主家であった武田家の勝頼を守るため、自らの居城・岩櫃城への退避を提案した。

昌幸は少年の頃から武田信玄に仕え、息子の勝頼とも一歳違いの間柄、彼を救いたい一心での提案だった。これには勝頼はじめ諸将も賛成し、昌幸は籠城準備のため、先に岩櫃へ出発。急ぎ帰った昌幸は、わずか三日で岩櫃山南面のこの地に、勝頼を迎えるための御殿を建てたのである。

だが、「真田は信用できない」と武田家古くからの重臣たちの進言があり、勝頼は岩櫃には行かずに、家臣・小山田信茂の岩殿城を目指すことに翻意してしまった。後世から思えばこのときの判断ミスによって、武田家は滅亡の運命を決定づけられたと言ってもいい。

現在は山道を上った先にひっそりと史跡立札があり、石垣が当時の様子をしのばせるのみである。途中の寂しい山道は、季節によって熊が出没するというから注意が必要。御殿はその後、昌幸の一族である根津潜竜斎という山伏が拝領して寺とし、潜竜院と称して明治に至った。そののちどのように廃寺になったかは定かではないが、明治十七年（一八八四）、護摩堂のみが、吾妻郡原町の顕徳寺本堂となったという。

参考　景徳院（田野寺《たのじ》）山梨県甲州市大和村田野　武田家滅亡の地

勝頼のその後の運命に簡単に触れよう。真田昌幸の誘いを振って、勝頼が頼って行った岩殿城主・小山田信茂であったが、勝頼を裏切

潜竜院への山道（左）、同寺の石碑（右）

ると、一行を待ち伏せして襲い掛かった。勝頼らは武田家ゆかりの寺、天目山（現・山梨県内）の栖雲寺（棲雲寺）を目指して落ちていった。

信茂は「天下の裏切り者」とされているが、領主としての領民を守るための行為であったのかなども推測され、今も真相はわからないままだ。しかし織田信長は、信茂のような裏切り行為を蛇蝎のように嫌った。後日、信茂は信長によって殺されたのである。

一方、栖雲寺を目指した勝頼主従だが、既に寺周辺は織田軍の手に落ちていた。当初、一万名だった軍勢は次々と逃散し、この頃にはわずか五十名の家臣と四十名の女子供が従うのみだったという。やむなく勝頼はこの寺の約二キロ手前、田野の集落まで引き返した。

天正十年（一五八二）旧暦三月十一日、わずかな家臣が必死で防戦し、時間を稼いでいる間に、勝頼は割腹して果てた。勝頼、三十七歳、夫人、十九歳、嫡男、信勝は十六歳であった。ここに甲斐源氏、名門武田家は五百年で終焉した。武田家が滅亡し、その三カ月後に信長が本能寺で死ぬと、徳川家康は武田主従の追善を祈って、この地に一寺を興した。寺は六年後に完成し、景徳院（田野寺）となった。

かつては大伽藍を誇った寺だが、度重なる火災でほとんどが焼失し、安永八年（一七七九）建立の山門（県文化財）が創建当時の面影を残す。境内は武田氏最期の地として県史跡となっており、後年作の勝頼夫妻と信勝の墓（実際の三人の埋葬地は、すぐ傍の首無地蔵といわれる）、三人が自害したと伝えられるそれぞれの「生害石」などがある。木が茂った薄暗い辺りは、重い雰囲気が漂う。また、最後まで勝頼に従った五十四名の位牌も寺に安置されているそうだ。

鉢形城跡　埼玉県深谷市寄居町鉢形

武田家が滅びることを見越して真田昌幸は、かねてから交誼がある鉢形城主、北条氏邦に密書を送り、意を通じていた。信長が信濃、甲斐を席巻すると信長にも恭順の意を表し、黒葦毛の馬を一頭贈っている。この頃から昌幸はいわゆる「表裏比興の者」として周辺の大勢力の中で、揺れながら自立への道をたどり始める。北条三代当主、北条氏康は小田原を本城とし、自分の息子たちを八王子、韮山、岩付、鉢形城などに配置していた。彼らの活躍によって北条氏の勢力は益々拡大、四代氏政、五代氏直の頃には関東一円を治める「太守」となった。

関東地方において有数の規模を誇る鉢形城は北関東支配の拠点として、更に信濃、甲斐からの侵攻への備えとして重要な役割を担っていた。現在、城跡は国指定史跡公園として整備され、土塁、門、池などが復元されている。公園内には歴史館も建てられ鉢形城の歴史や構造を、映像などで分かり易く紹介している。

北条氏邦は天正十三年（一五八五）、徳川家康の第一次上田出兵の折には家康と呼応し、一万余りの軍勢で沼田城を攻めた。しかし城代・矢沢頼綱の反撃にあい攻め落とすことは出来なかった。

鉢形城は天正十八年（一五九〇）、秀吉による小田原征伐の際に前田利家・上杉景勝・真田昌幸・信幸父子など北国軍総勢五万に包囲され、二カ月余りに及び籠城の末、城兵三千五百の助命を条件に開城した。開城後は徳川の関東入国に伴い、家康配下の成瀬氏、日下部氏が代官となりこの地を統治した。降伏した北条氏邦は秀吉の処置によって前田利家に預けられ、その後召抱えられた。五百石の知行地を宛がわれて十七年後、五十七歳で能登の地にて一生を終わる。

厩橋（前橋）城跡　群馬県前橋市大手町

武田を滅ぼした信長は、上州・信州二国に新領主を送り込む。信州の小県郡、上州の一国は、信長の重臣・滝川一益にあてがわれた。滝川一益は当初、箕輪城へ入城したが、まもなく厩橋城に移って上野を支配した。

昌幸は一益の寄騎、滝川騎下の武将ということになり、その支配に従うことを余儀なくされた。このとき昌幸三十五歳、一益五十八歳。一益は主家が滅亡した昌幸をねんごろに扱い、岩櫃、砥石、真田の各城はこれまでどおり真田家に治めてもらいたい意向を告げ、昌幸を安心させた。沼田城は明け渡すこととなったものの、昌幸は一益に好感を抱いたのかもしれない。以後、滝川家と真田家の縁は数十年にわたって続くことになる。

三　真田昌幸、信幸親子の活躍と秀吉の時代

神流川《かんながわ》の合戦　群馬県高崎市新町

武田家遺領の知行割が行われて僅か二カ月後の天正十年（一五八二）旧暦六月二日、信長は本能寺で殺されてしまう。信長死す、の報はすぐに小田原の五代北条氏直にも達した。好機到来とばか

りに氏直は、早くも旧暦十六日、鉢形城の北条氏邦の軍勢に自分の小田原本隊を加えた総勢五万の大軍を率い、上野へ討って出た。対する厩橋城の滝川一益は一万六千、両軍は旧暦六月十八日、神流川南岸、上里町のこの辺りで激突したという。北条方は初め、三百余の戦死者を出して敗北する。しかし、翌十九日には巻き返して一益を圧倒、三千七百六十の首級をあげる大勝利をおさめた。一益はこれを機に上野を引き払い本国伊勢、長島に引き上げていった。その後、柴田勝家に近づき羽柴秀吉に対抗したが、敗れて晩年は静かに暮らしたという。

上野から滝川一益を追い払った北条氏は、関東から織田政権の影響を一掃するとともに、念願であった西上野に支配領域を拡大させた。一方、昌幸は本能寺の変を知ると、すぐさま岩櫃城から兵を出し、秘かに沼田城を包囲した。そして、一益の甥、沼田城代・滝川儀太夫が、厩橋の一益から呼び出しを受けて外出した隙に、一挙に沼田城に入城。城を自分の手に奪還し、以後は家臣の矢沢頼綱に守らせた。

北条軍の沼田攻め　群馬県沼田市西倉内町

天正十三年（一五八五）、上田攻めの徳川軍が一時、佐久、諏訪に退陣した旧暦九月、真田陣営の手薄を衝くように北条氏直率いる大軍が、真田のもう一つの所領・沼田城に迫った。北条の沼田侵攻は前年にもあり、この期に北条が沼田攻めを敢行するであろうことは真田でも予想していた。しかし、昌幸は上田から援軍を送れる状況にはない。沼田城代、矢沢頼綱を励まし、上杉景勝に支援を要請する。景勝はこれに応じ、先に人質として出仕させていた矢沢頼幸を越後から返し、援軍も追って派遣することを約束する。こうした上杉の支援と、矢沢頼綱を中心とした沼田在陣諸将の懸命な防戦に合い、北条側は利あらずと見て、小田原に帰陣していった。

しかし、北条の沼田侵攻は執拗であり、翌年五月、またしても大軍をもって沼田攻略にかかってきた。この時は連日の大雨と洪水も手伝い、地の利を生かし防備術策を講じた矢沢方の勝利に終わり、またしても北条方は退陣せざるを得なかった。

同年旧暦七月、秀吉は従一位・関白に叙せられた。秀吉は政権の安定を図るため、しきりに家康の歓心を買い、上洛を促す。翌年、織田信長の二男信雄の仲介により二人は和解。旧暦十月には家康が上洛し、秀吉に臣下の礼をとり服属、秀吉の天下統一事業は前進する。

同年十一月、秀吉は関東の大名、領主に私戦停止というべき「関東惣無事の儀」を発した。この通達は北条氏に大きな衝撃を与える。沼田領をめぐる真田との抗争が私戦とみなされたのである。天正十五年（一五八七）旧暦三月、昌幸は秀吉に命じられて家康の許へ出仕、和解させられた。

同年旧暦五月、秀吉は島津を討って九州を平定すると、旧暦十二月には二度目の惣無事令（関東、奥州惣無事令）を発し、より弾圧的に戦闘の停止を迫る。ほぼ全国を掌握したかに見えた秀吉だが、小田原の北条氏政・氏直父子だけは、秀吉になびかず上洛しない。そして上洛と引換えに、沼田領を真田から引渡すよう交換条件を出して譲らなかった。これに対し秀吉は、天正十七年（一五八九）旧暦七月、昌幸を説得して沼田城を含む沼田領のおよそ三分の二を北条に渡し、名胡桃、岩櫃など残り三分の一の吾妻郡を昌幸に残した。また昌幸には代替地として、信州伊那郡箕輪の地、一万二千石を与える裁断を下した。北条氏政はこれを受け入れ、自らの上洛出仕を誓約、沼田城には鉢形城主・北条氏邦の重臣・猪俣邦憲（憲直）を置いた。

正覚寺　小松姫（稲姫）の墓　群馬県沼田市

上田城攻撃の再機会をうかがっていた徳川軍は、秀吉の取り成しによって信濃から去った。家康を屈服させた秀吉は、昌幸にあれ程、反りの合わなかった家康への帰属を命じる。そして昌幸は、秀吉から上洛を促され、その途中の天正十五年（一五八七）旧暦三月、信幸を伴い駿府城に立ち寄り家康と会見した。この席上、信幸の家康への出仕が決まり、さらに本多忠勝の娘小松姫を、家康の養女として信幸に嫁がせることとなった。姫の父本多忠勝は、「我が家臣にあらず、我が友である」と家康に言わせ、「家康に過ぎたるものが二つあり。唐の頭に本多平八」と天下にうたわれた人物で、徳川のいわゆる『名物』であった。

正覚寺同寺山門

のち昌幸・幸村が下野犬伏で信幸と袂を分かち（犬伏の別れ）、上田に帰城する途中、沼田に立ち寄るが、信幸の妻として小松姫は武装して二人の入城を拒んだ。「どうしてもというなら、一戦を交えます」という勢いに納得し、昌幸、幸村はここ「正覚寺」で一泊、上田に引き上げた。一説には、「孫の顔だけ、一目見せてくれ」と頼む昌幸の願いを小松姫がきき入れて、この寺で対面を果たさせたとも伝わる。この時、幸村は腹いせに沼田城下に火をかけようとしたが、昌幸にたしなめられたという。昌幸は城主・信幸の留守中に沼田城乗っ取りを考えたのかどうか、その真意は定かではない。だが、「さすがは本多忠勝の娘。武家の妻女はこうあるべき」と、小松姫は後の世まで賞讃された。

小松姫は沼田で二十六年過ごしたが、彼女の化粧料となっていた後閑村へは後閑山に対する大きな特権を与え、領民はつつがなく暮らせたという。毎年九月五日には小松姫の眠る正覚寺で大法要が営まれるが、後閑村の代表が必ず参列しており、亡くなって三百八十年余の歳月を経てもなお、その遺徳を偲ぶ村民の姿がある。ほかに、上田の芳泉寺、埼玉県鴻巣の勝願寺（後述）にも墓がある。

名胡桃城跡　群馬県利根郡みなかみ町

決着したかに見えた沼田領問題だが、秀吉の裁定は北条方に大きな不満を与えた。上州の全部が手に入ったわけではなく、昌幸に残された名胡桃城は、北条領とされた中になぜか真田領として置かれ、沼田城から僅か五キロの地にあり、北条にとっては非常に目障りな存在であったのだ。秀吉の裁定からわずか三カ月後の天正十七年（一五八九）旧暦十月、北条方の沼田城代・猪俣邦憲（憲直）はこの裁定を無視するように、突如として名胡桃城に侵攻し城を奪い取ってしまった。昌幸はこの不法行為を家康や秀吉に訴え、秀吉は激怒し、これを契機に北条討伐を決意、翌年、二十二万ともいえる大軍を発して小田原攻めにかかったのである。

名胡桃城代・鈴木主水には、次のようなエピソードも伝えられて

名胡桃城址

いる。北条方は内通者（後述）中山九兵衛実光と謀り、昌幸からと見せかけた偽書を主水へ見せ、まんまと上田城へと旅立たせた。主水が旅の途中、真田方の岩櫃城に寄り、城代・矢沢頼綱にきくとそんな事実はないと断言。偽書で欺かれたと知った主水は、急ぎ名胡桃城へ戻ろうとしたが、既に城は北条方に乗っ取られていた。不覚を恥じた主水は、沼田城下の正覚寺で切腹して果ててしまう。名胡桃城事件は、いつまでも上洛を引き伸ばして約束を果たさない北条氏政・氏直父子を陥れるため、秀吉が巧妙に仕組んだ罠ともいわれている。また昌幸はそれを承知の上で、鈴木主水を見殺しにした、と説く人もいる。真相は不明であるが、いずれにしても鈴木主水という武将が犠牲になって、秀吉の北条征伐が実現したことは確かである。

名胡桃城は利根川と赤谷川が合流する南西の段丘舌状台地に築かれた丘山城で、小規模ながら堅固な構えである。現在、国道十七号により城跡は分断されているが、「秀吉の天下統一のきっかけとなった城」として群馬県指定史跡に定められ、比較的大きく遺構が残されている。本郭跡には徳富蘇峰による「名胡桃城址之碑」が建っており、奥まで行けば見晴らしの良い高台の突端に立つことが出来る。近辺には小さな駐車場と、パンフレットや地図の置いてある小屋が設置されていて、歴史好きには親切な史跡である。

中山城跡　群馬県吾妻郡高山村中山字城内

中山城は、前述の岩櫃城と沼田城のほぼ中間にある城で、北条氏がこのあたりの基地として使っていた城である。かつて中山安芸守が城主であったのだが、安芸守の長男・中山九兵衛実光が城主をしていたときに、北条方が攻め落とした。安芸守の娘・栄子は、名胡桃城主・鈴木主水に嫁いでいたため、中山城を奪われた九兵衛は、義兄・鈴木主水を頼り名胡桃城に身を寄せた。しかし前述の、北条方による名胡桃城乗っ取り事件の際には、九兵衛が寝返って北条方に内通し、偽書で鈴木主水を欺き、北条軍を名胡桃城内へ導いたとされている。

石碑は行き来の激しい車道に面して道端にポツンと建っているので、見落としに注意したい。

中山城跡

碓氷峠・熊の平　群馬県碓氷郡松井田町

天正十八年（一五九〇）年はじめ、秀吉は名胡桃事件をきっかけとして、小田原の北条氏政・氏直父子を討つため諸国大名に軍令を発した。旧暦二月二十日、金沢を進発した前田利家（一万八千）は、越後の上杉景勝軍（一万）と信濃で合流し、さらに小諸の依田康国（四千）、真田昌幸（三千）も加わった連合北国軍（以下、北国軍と記す）総勢三万五千が、上州から押し出して武蔵の北条方属城を攻め落とすことになった。

昌幸・信幸・幸村（以下真田父子と記す）は、碓井峠の「熊の平」に陣を構え、越後の前田・上杉軍の到着を待つことにした。北国軍が先ず目指すのは、峠から十四キロほど下がった北条方の松井田城である。

ここ碓井峠（旧道）は、明治時代から続いた旧信越本線の面影を随所に留めている。レンガ造りの鉄橋やトンネル、倉庫などが保存され、「鉄道文化むら」という鉄道ファンが集う場所もできた。また野生の猿が生息することでも有名で、一匹にエサを与えると、たくさんの猿が山から下りてきて群がってくると聞く。

松井田城跡　群馬県碓氷郡松井田町高梨子

前田利家を総大将とする昌幸たち北国軍の最初の敵は、松井田城の大道寺政繁であった。大道寺氏の兵力はおよそ千五百。そのうち一千ほどで松井田城を守備していたが、碓井峠での大道寺軍と北国軍の戦いは、約一カ月で大道寺政繁が降伏。前田利家に伴われた政繁は、小田原で対陣中の秀吉に謝罪し、復命を願い出た。秀吉は政繁を許し、利家に河越（川越）城の接収と鉢形城の攻撃を命じた。利家は政繁を案内人に立て、上野、武蔵を転戦。松井田城陥落を知った上野、武蔵の北条氏諸城は雪崩をうって開城し、白井城、厩橋（前橋）城、箕輪城、松山城、河越城が次々と陥落していった。秀吉が助命を確約したはずの大道寺政繁であったが、北条方の城が次々と落ちた後の同年旧暦七月五日、政繁は北条氏政・氏照らとともに切腹を命ぜられてしまう。秀吉の翻意と違約を恥じた前田利家は、政繁への謝罪として、その子・直繁を召し抱え、自らの二男・利政の家臣とし、能登の領地、三千三百石を与えた。後年、大道寺直繁は尾張徳川家に二千石で仕えることになった。

松井田城は、当時北条氏が関東を守る最も重要な拠点とした城で、直径二キロ、幅一キロに及ぶ広大な城郭を持っていた。海抜四〇〇メートルの尾根の中心に、本丸と二ノ丸を構え、そこから地形を利用してクモの足のように、大小の曲輪が八方に伸びていたという。

箕輪城跡　群馬県高崎市箕郷町西明屋字城山

北国軍の真田父子はついで上野箕輪城攻めに移り、松井田城陥落の四日後には攻略に成功、秀吉へその旨を報告している。これに応え、秀吉は石田三成を使者として昌幸の許に派遣し、箕輪城の仕置等を指図している。秀吉の指示内容で注目すべきは、「土民、百姓を故郷へ帰り住まわせること」、「東国の習として行われている、女子の売買を禁じること」という項目であり、これらから秀吉の類まれな近代的センスを伺い知ることができるのではないか。

鉢形城跡、お万が淵　埼玉県深谷市寄居町鉢形

秀吉は鉢形城攻略に、格別の意をもって臨んでいた。かつての中国・毛利氏を服属させる途を開いた「備中高松城攻め」に匹敵する重要事柄と位置付け、鉢形城を落すことが、ひいては北条氏全体を突き崩す鍵になると捉えていた。つまり北条氏領国における鉢形城と、城主・氏邦の役割を高く評価しており、それゆえに攻略を急いだといえる。こうして北武蔵の雄、北条氏邦の拠る鉢形城は、天正十八年（一五九〇）旧暦六月上旬、前田利家・上杉景勝・真田父子などの北国軍、並びに浅野長政・木村一・本多忠勝・鳥居元忠・平岩親吉らの諸将が加わった五万余の大軍勢に包囲されることとなった。この時、真田父子は鉢形城の北東を担っていた。対する北条氏邦軍の総戦力は五千で、このうち鉢形城に籠城したのは三千五百といわれるが、この中には強力で統制のとれた黒備えの軍団「鉢形衆」の他に、多くの百姓、町人までもが含まれていた。氏邦配下の軍団は、在郷の

地侍層を中心とする「半農半武士」の者たちであり、「兵農分離」の進んだ秀吉軍とは様相を異にしていた。

前田・上杉を主体とする五万の兵に囲まれた鉢形城で、実際にどの規模の戦闘が行われたのか詳らかでではない。一説では、本多忠勝が車山山頂に二十八人持ちの大筒を据えて大手方面に砲撃を加えたといわれ、また落城寸前の状況を憂いた多くの女人が、本曲輪の崖から荒川の「お万ヶ淵」に飛び込み自害した、などと伝えられている。いずれにしても歴戦の闘将、北条氏邦といえども、五万余の軍勢を前にしては、もはや打つ手はなかった。旧暦六月十四日、もともと和平派だった氏邦は、敵方となっていた義弟、藤田信吉の勧告に従い降伏し、鉢形城を開城した。城を出た氏邦は近くの正龍寺に入り、剃髪、謹慎する。

北武蔵から上野一帯の鉢形、倉賀野、深谷、前橋、箕輪、沼田の六城を管轄し、関東の太守、北条氏の一翼を担っていた氏邦だが、その引き際の無血開城は、のちの時代における氏邦の評価を下げた。城兵のみならず自らも助命されたため、「前代未聞之比興者」と敵味方から罵倒されたが、現代から考察すれば、氏邦の決断は多くの家臣、領民の生命を救うという最も称賛されるべき成果を残したといえよう。

以後の八王子攻め、小田原攻めと北条氏降伏については、「東京・神奈川　都心に眠る真田一族の面影」の章に詳述するので参照されたい。

小田原北条氏を撃ち破った秀吉は、即刻諸大名の配置替えに着手した。ほぼ全面的な配置替えが進行する中で、昌幸だけが例外的に変わらず本領を安堵された。これはそれ以前の働きから、昌幸が秀吉の直臣と判断されたためと思われる。さらに秀吉は家康に対し、昌幸に上野沼田領を安堵することを相談し、家康もこれを承諾、上野は家康の領分なので沼田城には信幸が入り、家康に属することになった。

四　その後の真田一族と沼田藩の悲劇

勝願寺　埼玉県鴻巣市

時代は飛んで。関ケ原の戦が終わり、大坂夏の陣で天下の大勢が決し、世の中がようやく落ち着きを見せ始めた元和六年（一六二〇）、小松姫は病に臥す。病養のため江戸屋敷を後にし、草津温泉（沼田とも）に向かう途中、容態が急変し、武州鴻巣宿（現・埼玉県）勝願寺に没した。享年四十八歳。小松姫の本廟は上田市芳泉寺にあるが、小松姫が生前、当時の円誉不残上人に深く帰依していた縁で、彼女の二女・松姫が小松姫の一周忌に際し、当寺に分骨造塔した。尚、当地鴻巣で没した小諸城主仙石秀久の墓及び、やはり鴻巣で病没した信之・小松姫の三男、真田信重とその室の墓が、母・小松姫との関係で当寺にある（前述の正覚寺参照）。

天柱寺　真田信吉の墓　群馬県沼田市材木町
妙光寺　慶寿院の墓　群馬県沼田市新田町

真田信吉は信之の嫡子で母は大蓮院（小松姫）。大坂冬の陣と夏の陣では、弟信政と徳川勢に加わり敵首二十七を獲るなど戦功を立てた。元和二年（一六一六）、信幸が上田に移った後、二十二歳で二代沼田城主となる。三十三歳のとき、厩橋（前橋）城主、酒井忠世の娘を夫人に迎え二女一男を得る。また、側室（後の慶寿院）との間にも一子（のちの信利、別名・信直、信澄、伊賀守信利とも）が生まれた。城主として十八年間、川場～沼田用水を完成させ、善政を行う。沼田公園に残る鐘楼は、信吉が領民の繁栄と国家安全を祈って寛永十一年（一六三四）に造らせたもの。同年、江戸屋敷で没し、遺骨は沼田に送られ迦葉山で火葬後、ここ天柱寺に葬られた。享年四十歳。

なお、信吉の側室であり、伊賀守信利の母である慶寿院の墓は、同沼田市新田町の妙光寺にある。

天柱寺・真田信吉の墓

（伝）桃瀬の水牢跡

沼田真田氏は九十一年間続いたが、信之の孫である五代目、信利（伊賀守、信直、信澄とも）のときに沼田藩改易（お取りつぶし）となり、信利も山形へ配流されてしまった。真田の先祖が得た領地は没収され、祖父・信幸が築いた五層の天主をはじめ、城郭の全ては破却された。沼田真田家は何故、五代目信利に至ってそのような終焉を迎えたのか。

そもそも戦国以来の高禄武士を多く抱える真田氏は、家臣に給する石高が大きかたが、それに加えて五代沼田藩主・伊賀守信利は酒色にふけり、普請好きで浪費が多く、藩財政は窮乏した。財政立て直しのため信利は領民に不正な検地を強制し、沼田三万石を約五倍の十四万四千石と加増して申請、そのため悪逆非道な増税、課税を行うことになり、滞納者は水牢に入れるなど残酷な刑罰に処した。

「桃瀬の水牢」と呼ばれる水牢跡が田畑の中に残されて史跡となっているが、覗いてみると思いのほか浅く、この池跡が本当に水牢であったかは微妙である。ただ、水牢という恐ろしいものが存在したことは事実で、人々は数珠つなぎになって、男性は首まで、女性は単衣で腰までつけられたという。低体温症などで苦しみながら亡くなる者も多かったという。沼田藩ではここ東吾妻郡だけに見られる遺構で、八か所あったうちこの水牢が最も原形を残しているという。

桃瀬の水牢跡

延宝八年（一六八〇）と翌年は、天候の不順から大飢饉となり、農民は餓死する者や他国に逃げる者が続出した。そんななか信利は、江戸の両国橋架け替え用材を沼田領より伐り出すことを幕府から請け負ってしまい、用材運搬のために農民は酷使された。惨状に耐えかねた政所村の名主・市兵衛と月夜野村の有力農民・茂左衛門は、大胆にもときの将軍・家綱への直訴を企てた。無念にも市兵衛は失敗し斬首されたが、茂左衛門の訴状は奇跡的に家綱の手許に渡った。

遂に天和一年（一六八一）旧暦十月、真田信利は幕府評定所に呼び出され、前述の両国橋用材が納期に間に合わなかったことの他に、殺生禁断の聖地・迦葉山で農民を駆り立て大狩遊をしたことや、参勤の途中・館林で幼女を斬捨御免にしたことなど、領民を苦しめた数多の罪を糾明され、沼田藩の改易、すなわちお家お取りつぶしを宣告された。

迦葉山弥勒寺　伊賀守信利の墓　群馬県沼田市迦葉山

歴代住職の墓が並ぶ本堂東側の少し離れた場所に、何の立て札・案内板もなく、暴君・真田伊賀守信利の墓がひっそりと建っている。沼田の真田氏は、華々しい栄光の歴史を刻んだにも拘わらず、その終焉は後味の悪いものとなってしまった。

沼田市の北にある迦葉山の中腹に位置するこの寺は、江戸時代には徳川家康の祈願所として御朱印百石、十万石の格式を許された由緒ある寺。中峯堂といわれるお堂には、顔の丈六.七メートル、鼻の高さ二・七メートルの大天狗が安置され、「天狗のお山」としても知られている。参拝の際に天狗面を借りて帰り、願いが成就したら新しい面とともに奉納する慣わしがある。

茂左衛門地蔵千日堂　群馬県利根郡月夜野町

茂左衛門刑場跡

一方、直訴して藩主を断罪した茂左衛門は、その責任をとるべく妻子と別れ、自首のため江戸に向かったところを、幕吏に捕らえられた。江戸で取調べられたのち、郷里に返され、利根川畔で茂左衛門は磔刑に処せられた。このとき、赦免のための使者が近くまで驅けつけていたのだが、磔刑の執行に間に合わなかった。茂左衛門を追うように、この使者も責めを負い、その場で切腹したと伝わる。

茂左衛門に助けられた利根・吾妻・勢多三郡百七十七カ村の農民は彼の死を悼み、刑場付近に地蔵尊を建て供養を続けた。大正十一年には旧領地はじめ各地から篤志家からの浄財により、現在の立派な千日堂が建立された。なお、実際の刑場跡にも石碑が建てられ、現在も供養が行われている。

その後の沼田城、そして

改易で一度は破壊された沼田城であったが、本多氏がその後の領主となったため、城も再興された。その後、黒田氏、土岐氏と居館を置いた領主が続いたが、版籍奉還の際にとり壊された。荒れ果てていた沼田城址は、明治期に地元出身の政治家・久米民之助が私財を投じて整備、公園として町に寄贈した。

現在は沼田城址公園として、テニスコートや洋館、鳥類園、花壇などを備えた市民の憩いの場となっている。園内には、城の石垣の僅かな一部や石階段が発掘、保存されており、二代信吉が造っ

茂左衛門地蔵千日堂（右）刑場跡（左）

た鐘楼、御殿桜など、真田時代の面影が偲ばれる。

以上、群馬県、埼玉県を中心に史跡を紹介してみた。真田氏に縁深い群馬県には、国定忠治、NHK大河ドラマ『花燃ゆ』の楫取素彦、小栗上野介、高野長英の弟子などの史跡も多く残る、のどかな土地柄である。

時間にゆとりがあれば、名湯、秘湯などの温泉につかりながら、ゆっくりと群馬史跡めぐりをするのもよいのではないだろうか。

沼田城城下遠望

〈参考文献〉

芝辻俊六『真田昌幸　人物叢書新装版』吉川弘文館・一九九六年
上毛新聞社編『真田道を歩く』二〇一一年
群馬県史編纂委員会編『群馬県史』一九八六～八九年
沼田市編『沼田市史』一九九五年
松代文化施設管理事務所編『真田宝物館収蔵品目録』二〇〇四～〇七年
下山治久編『戦国遺文後北条氏編』東京堂出版・一九八九～二〇〇〇年
芝辻俊六・黒田基樹編「戦国遺文　武田氏編」東京堂出版・二〇〇二～〇六年
東信史学会編『真田一族の史実とロマン』一九八五年
米山一致・金子万平『真田一族のふるさと』信濃毎日新聞社・一九八五年
中之条町歴史民俗史料館編『戦国大名真田氏の成立』二〇〇六年

中堀勝弘『真田一族がよぉくわかる本』二〇〇七年
週刊上田新聞社編『疾風六文銭・真田三代と信州上田』二〇〇七年
唐沢定一ほか編『真田氏と上州』みやま文庫・一九八五年
群馬県教育委員会編『群馬県の中世城郭あと』一九八九年
笹本正治『真田氏三代』ミネルヴァ書房・二〇〇九年
『真田四将伝』清水昇 信濃毎日新聞社
高澤等『名字から引く家紋の事典』東京堂出版・二〇一一年
「二〇〇六年真田サミット・イン・あがつま」東吾妻町・二〇〇六年
「歴史読本二〇〇九年四月号　戦国大名家血族系譜総覧」新人物往来社

都心に眠る真田一族の面影（東京都・神奈川県）

高橋ひろ子

都内でも、真田一族の面影をしのぶことが出来る場所は少ないが点在する。いずれも墓所なので、純粋な史跡とは趣を異にする。史跡巡りというよりは、お参りをする気持ちで回りたい。ほとんどは港区など、都心南西部に位置する寺院である。しかし全てを一度に公共交通機関と徒歩だけで回るのは難しく、車か自転車などで回ることをお勧めする。

青山霊園　真田幸貫の墓

誰でもお参り可能
東京メトロ千代田線乃木坂駅　青山斎場出口から徒歩五分
青山霊園最寄り駅には東京メトロ銀座線の外苑前駅があるが、真田家の墓を目指すなら、千代田線乃木坂駅の方が近いのでお勧め。
所在地・港区南青山二－三二－二
墓石場所記号　一種イ八号五側一番

園管理事務所電話　〇三-三四〇一-三六五二

乃木坂駅の出口正面に見える坂道を登ってゆくと墓地内に出るので、中央の大きな十字路めざして進み、進行方向に渡った案内板の奥に墓石がある。角地なので比較的すぐに見つかる、新しい立派な墓である。裏には昭和二十八年とあるので、古い墓を戦後に立て直したのだろう。墓石の足元に六文銭がくっきりと彫られており、右手に幸貫以外に明治から昭和にかけて葬られた一族の名前が記された碑がある。

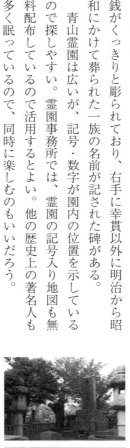

青山霊園は広いが、記号・数字が園内の位置を示しているので探しやすい。霊園事務所では、霊園の記号入り地図も無料配布しているので活用するとよい。他の歴史上の著名人も多く眠っているので、同時に楽しむのもいいだろう。

真田幸貫の墓

真田幸貫　寛政三年~嘉永五年（一七九一~一八五二）

幼名・松平次郎丸、白河藩主松平定信の長男（諸子であったため公式には次男と扱われた）であったが、文化十二年（一八一五）真田幸専の養子となり、松代藩八代藩主・真田幸善として藩政改革に力を発揮した。佐久間象山を立てて洋学を振興し、大いに藩内の産業を発展させ、文武の奨励も行った。一方で、幕府においては老中を務め、水野忠邦の天保の改革にも尽力した。維新後は子爵のち伯爵になり、六十二歳で世を去った。後継ぎを決めることには、候補者が次々と夭折したため苦労を重ねたが、最終的には孫の幸教に家督を譲った。墓碑は青山霊園のほか、松代の長国寺にもある。

大安寺　真田幸徳の墓

基本的に非公開
東京メトロ千代田線乃木坂駅から徒歩二十分
所在地　港区西麻布二－二四－二三
電話　〇三－三四〇七－〇八六〇

真田幸貴の墓がある青山霊園沿いの外苑西通りを広尾に向かったとき、いわゆる西麻布の交差点の手前右手側の住宅街の中にある寺院。坂の上にあるので比較的見つけやすいが、目立つ門の右手はお堂のある境内。そちらではなく、左手の道を入っていくとご住職の居住地と庭、古い墓所と倉庫がある。閉じられた倉庫内には、多数の無縁墓となった古い墓石が納められており、真田幸徳の墓石もひ

大安寺山門（右）と真田幸徳の墓（左）

っそりとその中にあるため、基本的には非公開である。

幸徳の墓石は現代と同じ長方形、正面に真田幸徳、側面に滋野姓、九代目と記されている。

真田幸徳　天明元年～没年不明（一七八一～　）

実父は吉田重徳、母は水野忠行の娘で、真田幸允の養子となり真田氏九代目を名乗った。真田氏の中でも誰の系列の九代目かというと、江戸で亡くなった真田信尹（信昌）を初代とする系流である。信尹をメジャーな人名と関係づけてみると、幸隆（幸綱）から生まれた四男（一説には五男）、つまり昌幸の兄弟であり、幸村（信繁）の叔父にあたる人物である。

幸徳は、その信尹の孫・幸吉の嫡子系ではあるのだが、幸徳自身を含め途中に養子が三回ほど入っている。

大安寺（曹士宗　泰獄山）は承応三年（一六五四）赤坂に創建したが、火災にあったため、文政八年（一八二五）長谷寺境内へ移転したという。現在は独立した寺院として、地域に溶け込んでいる。

曹渓寺　真田信吉正室・松仙院の墓と、真田信之の供養塔

東京メトロ南北線・大江戸線の麻布十番駅から徒歩十五分。または渋谷から都バス・古川橋停留所徒歩十五分。ただし、都心のバスは渋滞などで時間通りに進まないことも多く、効率よく回りたい方にはあまりお勧めしない。

所在地　港区南麻布二－九－二十二
電話　〇三－三四四一－八六八七

大安寺のある西麻布から広尾に向かい、天現寺交差点で左折して進んだ古川橋近くの閑静な住宅街にある。地名には同じ麻布が付いているが、西麻布から意外なほど距離がある（二・八キロほど）ので注意。寺は厳格な雰囲気なので、お参りする際は配慮が必要。

門を入ったら、右手駐車場右奥の墓所への階段を登り、見渡すとすぐ巨大な三基の墓石が見つかる。三基のうち中央が松仙院の墓石で、墓石正面に戒名ではなく松仙院と刻まれている。左手が義父にあたる信之（信幸）の慰霊碑で、六文銭が墓石や灯篭に多数刻まれており、わかりやすい。向かって右の墓は松仙院の実母・聖興院のもので、紋所は太陽を表す特徴的な日足紋である。三基が

上から曹渓寺・松仙院の墓・石灯籠・松仙院実母の墓

並ぶ様子は荘厳で、威圧感すらある。

松仙院　生年不詳〜寛文三年（　〜一六六三）

信吉の正室であったが、信吉に次いで間もなく七歳の長男・熊之助にも先立たれてしまったため、実家・酒井家に帰った。その後、義父・信之の供養塔を、実家の菩提寺であるこの寺に建立したといわれているが、次女・見樹院が建てたという説もあり、定かではない。松仙院の実父は幕府大老で上野国前橋藩主の酒井忠世。墓石の立派さからも松仙院がかなりのお姫様であったことが窺える。

真田信吉　文禄四年（一説には二年）〜寛永十一年（一五九五または九三〜一六三四）

松仙院の夫・信吉は、信之とあの小松姫（母は、幸隆の孫娘ともいわれ諸説あり）の間に生まれたとされる長男。大坂夏の陣では徳川方として参戦し奮戦したが、持ち場の違いで叔父・幸村との衝突、対決は回避できた。元和二年（一六一六）、二代沼田藩主となったが、早くも四十歳で逝去。後を継いだのは、わずか三歳の嫡男・熊之助であった。墓所は沼田市の天桂寺にある。

曹渓寺（臨済宗妙心寺派　日東山）は、元和九年（一六二三）創建の由緒ある寺で、一説には赤穂浪士の一人が関係する寺でもあるという。

松泉寺

真田某の墓（一説には、信勝かその系列といわれているが不明）　誰でもお参り可能。ＪＲ「恵比寿駅」からターミナル左手の坂を登った高台にある恵比寿南二公園の向かい。方向的には、ガーデンプレイス方面に近い。駅から徒歩十分、約四〇〇メートル。参考までに、前述の三、の寺院からは二・九キロほどある。

所在地　東京都渋谷区恵比寿南二‐十八‐一
電話　〇三‐三七一三‐二九四六

墓地に入ってすぐに、大きなお地蔵さんなど無縁墓石が集めて安置してあり、そのスペース中、右手奥の墓石（織田某の墓石の隣）が、真田縁故のものである。残念ながら言われないとわからないほど古ぼけた平凡な長方形の墓で、文字は確認できない。かろうじて真田と読めるようだが、それ以下は不明で、真田家の誰かは判別不能である。親切なご住職によると、「寺の古い過去帳を掘り出せば、判明するかもしれませんが、今のところわかりません」との回答だった。

松泉寺

臨済宗妙心寺派寺院、龍徳山。慶長年間（一五九六〜一六一五）に赤坂一ツ木に創建されたが、明治三十三年現地へ移動したと伝わる。関東大震災後の大正十二年に再興、整備されたと記録されている。妙心寺は真田家ゆかりの寺なので、妙心寺派のこの寺に誰かの墓石があっても不思議はない。

広徳寺　信之・信政親子の愛人だった、小野お通（二代）の墓

大人数での墓参はお断りだが、一人か少人数で静かにお参りするならよいとのこと。都営大江戸線または西武線、豊島園駅から徒歩十六分、約一キロ。

広い公園のような墓所だが、明らかに巨大な墓石群のエリアがあり、大名家関係のそれとすぐにわかる。

所在地　練馬区桜台六－二〇－十九
電話　〇三－三九九一－〇〇七三

初代小野お通　生年没年不詳、信之の愛人
美濃国出身で、大政所なか、北政所おね、淀度などに仕えた侍女といわれる、不明な点の多い伝説的な人物。和歌、管弦、書画などに長じた才女だったらしく、京において真田信之と深い仲であったとされている。創作上の人物ではないかと存在を疑われていたが、昭和初めに息子である信就の子孫・真田勘解由家において古文書が確認され、信之からお通への恋文などが現存していたため実在の人物とわかったという。

二代目小野お通　生年没年不詳、信政の側室

同じ名を引き継いだ娘・二代目お通もまた、信之の息子・信政の側室となったといわれ、親娘で真田信之親子の寵愛を受けたことになる。二代目お通は京で信政の息子・信就を生んだが、側室の身の上を嫌ったのか、信就を連れて出奔、出家してしまった。その後、還俗した二代目お通と信就が江戸に現れるが、それは信之、信政親子が没した後の寛文五年（一六六五）になってからであった。改めて信就は幕府に仕えることとなり、真田から分家して勘解由家を興すことを許された。因みに信就の七男は、のちに真田本家へ養子にもらわれ松代藩四代藩主・信弘になった。

円満山広徳寺は臨済宗大徳寺派。もとは小田原にあった北条氏のゆかりの寺。徳川家康が天正十九年（一五九一）、神田に再興後、寛永十二年（一六三五）下谷に移動した。大正十二年（一九二三）の関東大震災で殆ど焼失してしまったが、その後、練馬に移転して現在も存続している。

東京のお隣、神奈川県には以下の真田家菩提寺が存在する。

盛徳寺　曹洞宗　迦葉山

所在地　伊勢原市上粕屋二一四五
電話　〇四六三－九四－三六五〇

慶長二年（一五九八）江戸赤坂に創建された寺で、江戸時代には松代藩から寺禄を受けていた形跡がある。承応三年（一六五五）、真田信之が同寺を盛り立て再興開基し、真田家の菩提寺の一つとしたとされている。昭和四十七年、都内から現在の伊勢原市へ移設された。（神奈川県戸塚市にも、同名寺があるので注意が必要）真田家にゆかりが深いため、数多くのお位牌、合葬の墓石が納められているが、誰のものであるかは推測の域を出ない。真田幸道の墓は、この中のどれかである可能性が強いという。

真田幸道　明暦三年〜享保十二年（一六五七〜一七二七）

真田信之の次男・信政の六男（五男ともいう）で、父の遺言により三代目松代藩主となったとき、わずか二歳であった。そのため当時、沼田藩主で二十四歳だった信利（前述松仙院の子）の方が松代藩主としてふさわしいのでは、との風評が立ち、いわゆる「真田騒動」が起きたが、祖父信之が後見人になることで「松代藩主は幸道」と幕府からも認められ、騒動は収まったという。「松城」の地名を、「松代」と変えた人物だとされ、江戸で亡くなったため墓石が関東にもあるのだと推測される。

真田氏も加わっていた秀吉の北条攻めと関係史跡

八王子城址（八王子攻め）

所在地　東京都八王子市元八王子町三丁目

電話　〇四二ー六六三ー一八〇〇

天正十八年（一五九〇）旧暦六月初め、真田昌幸を含む前田利家・上杉景勝らの連合軍・北国軍は、秀吉の命で北条氏を攻め、難攻不落といわれた鉢形城を開城させた。だが一つの城に二ヵ月もかかってしまったため、秀吉は誉めるどころか手際の悪さを叱責し、「数多の城を陥れたとはいっても、みな敵方から降伏してきたに過ぎない。皆殺しか、踏み潰しておれば褒めてやるものを」との言葉を送った。北国勢はその言葉に奮起し、次なる目標、北条氏照の八王子城へ、力攻めの総攻撃を仕掛けた。

同年旧暦六月二十三日の早朝、北国勢は東方から八王子城へ押し寄せた。だが、北条方全軍の指揮官である城主北条氏照は、城を家臣の横地監物、中山勘解由左衛門尉、近藤出羽守らに任せ、小田原城に入っていて、八王子にはいない。北国勢の一隊は搦手から襲いかかり、朝もやの中で激戦が開始された。これまでの攻略と同様、先に降伏した北条方の武将を先導にしたので、八王子勢はたちまち要所を突き破られ、山の下陣を固めていた近藤出羽守は奮戦の末、討死した。

八王子城史跡情報

- 高尾駅北口から車で30分。土日祝日のみ高尾駅北口から八王子城行きバスが出る。
- トイレ施設、大きな駐車場あり。
- 八王子城跡は市によって整備されているが、急なな山道であり、野生動物に出会う危険もあるので、装備して登山したい。広さは159ヘクタールもあるので、八王子城ガイダンス施設や、ボランティアガイドを利用すると計画が立て易い。
  - ○ボランティアガイド　９時〜４時 年末年始は休業事前申し込みが必要
  - ○八王子城ガイダンス施設　９時〜５時 年末年始は休業
  - ○休憩所、簡単な歴史説明などがある

詳しくは、八王子城ホームページを参照。

山の下陣を突破した北国勢は、相次いで山を登り始めたが、この時、八王子城内にいたのは付近の農民を狩り集めた雑兵がほとんどであったという。氏照は城兵の大半を小田原へ移し、代わりに農民に武器を持たせて置いていたのである。

北国勢はこれら農民兵を難なく蹴散らしながら攻め登り、午前八時過ぎには山頂近くに達した。しかしここでの雑兵の抵抗は凄まじく、二の丸を攻めた北国勢は死傷者が続出、容易ならざる苦戦となった。そこで上杉軍は一隊を風上に迂回させ、城に火を放った。炎と黒煙で城方が混乱に陥ったところへ北国勢はどっと二の丸へ攻め入り、支え切れぬとみた二の丸の守将、狩野一庵、中山勘解由左衛門尉は本丸へ退き、そこで自刃した。

二の丸を奪取した北国勢は、さらに本丸に攻めかかると、まだ日の高いうちに城の全ての郭を攻め落としてしまった。八王子城陥落により、北条氏の支城はすべて失われた。残るは北条氏の本城、小田原城のみである。

小田原評定と小田原攻め

秀吉が小田原攻めの兵を挙げた時から小田原城内では、北条氏政・氏直父子をはじめ、氏照・氏房ら主要な一族の間で連日軍議が開かれていた。議論は籠城か出陣かであるが、一向に結論は出ない。「小田原評定」という言葉の由来である。

氏政・氏直父子には一つの目算があった。先年まで秀吉と対立していた家康とは婚姻関係にある。

また奥州には、いまだ態度を明確にしていない伊達政宗がいる。彼らと強調できれば、秀吉に十分対抗でき、地の利もある。秀吉軍は西から攻めてくるから、天険とされる箱根、碓氷を越えなければならない。いかに秀吉軍が大軍といえども、そう易々と東征できないのではないかと考えていた。

だが北条が当てにしていた家康は、秀吉の旗下となり、逆に氏政・氏直に上洛を促してきた。一方の伊達政宗も、自身が秀吉から追討令を発せられ、その弁明のために北条討伐軍に加わってしまった。もたもたしているうちに、北と南から小田原に進軍した討伐軍は全国の諸大名からなる秀吉・家康の本隊と北国勢、それに相模湾に展開する毛利・長宗我部の水軍を合わせ総勢二十二万人にも及んでいた。対する北条父子の城兵は五万六千。これを小田原城に入る九つに入口に分け守りを固めた。

天正十八年（一五九〇）旧暦六月二十四日に至って、長く持久包囲に耐えていた韮山の北条氏規が家康の和議申し入れを受けて開城すると、もはや小田原城は孤立無援の裸同然となってしまった。城下町を囲む延長九キロにも及ぶ大外郭を構えた巨城・小田原城であったが、援軍がどこからも来ないのでは籠城戦の意味もなく、ついに北条父子は降伏した。

北条氏政・氏照の墓

小田原駅から徒歩五分

北条氏直は弟氏房と共に城を出ると、豊臣方の滝川雄利《かつとし》の陣に投降、のちに処分され高野山へ追放された。北条氏政・氏照は城下で自刃し、伝心庵へ埋葬された。氏政、氏照の墓はその後、放置され荒廃していたものを、後世、小田原城に入った稲葉氏によって再興、復元された。大正時代には関東大震災で埋没したが、土地の有志によって再度、復元され今に至る。所有は城山三丁目の永久寺。小田原駅から徒歩五分距離となるので、小田原城訪問のついでにも行き易い史跡でお勧めする。

小田原城址公園

所在地　神奈川県小田原市城内
電話　〇四六五－二三－一三七三
小田原駅から徒歩十分

小田原城は鎌倉時代に土肥遠平が築いた山城が前身とされる。戦国時代になって扇谷上杉氏のもとなっていたが、明応四年（一四九五）、後北条氏の始祖、早雲によって奪取された。以来、北条氏四代にわたって拡張され、氏直の頃には白亜三層の大天守と山天守を持った複合天守閣を構え、広さ東西約五十町、南北七十町という大城郭を誇っていたという。

北条氏滅亡後は、家康の家臣・大久保氏が城主となった。その大久保氏も改易となり、阿部氏、番城時代を経て、寛永年間に稲葉氏

小田原城址公園

- 開園は９時～５時（４時半までに入場）６月～８月は６時まで開園
- 年末年始と12月第２水曜は休業
- 一般車の駐車場がないので、周辺の有料駐車場を利用する。観光バスとバイク、障害者用の駐車場はあり
- 入ってすぐに管理事務所を兼ねた資料館がありパンフレットなどが入手できる。

北条氏政・氏照の墓

が城主となった際に、大規模な改修工事を実施。その後、大久保氏が再度城主となるが、元禄十六年（一七〇三）の大地震により、天守からほぼすべて倒壊。部分的に再建されたが、幕末維新期を経て、明治三年（一八七〇）廃城となり解体された。

城跡は御用邸時代を経て地方自治体に払い下げられたが、現在は国指定史跡に指定され、のどかな公園として市民の憩いの場となっている。観光用に再建された天守閣には、一夜城として有名な石垣城の方向指示板があり、相模湾など美しい景観が四方に望める。

神奈川県と「さなだ」こぼれ話

神奈川県平塚市にも、真田町《さなだちょう》という地名があるが、長野県のいわゆる真田一族とは別で、三浦氏から生じた真田氏の領地である。『角川地名大辞典』（角川書店刊）によれば、「実田」「佐奈田」とも書き、岡崎四郎義実の長子が、佐奈田（真田）与一（義忠）を名乗ったことがわかっている。町内には、佐奈田与一の居城とされた真田城址もあるという。

小田原城城門（右）、小田原城から一夜城跡を望む（左）

真田父子　犬伏の別れの地（栃木県佐野市）

吉田利幸

犬伏の別れ

慶長五年（一六〇〇）六月十六日、徳川家康は謀反の疑いありとして会津の上杉景勝を討伐すべく、大阪城を出発した。その隙をついて、かつて豊臣家の五奉行でいまは佐和山に隠居していた石田三成が徳川討伐のために挙兵する。三成は前田玄以、増田長盛、長束正家の三奉行を自軍に取り込み、また大老毛利輝元を大将に担ぎ上げ各地の諸大名に家康への弾劾状「内府ちがいの条々」と、自分たちに味方するようにとの密書を送った。その中の一人で当時、徳川家康の軍に合流すべく宇都宮に向かっていた真田昌幸・信繁（幸村）父子の元に弾劾状と檄文が届いたのは七月二十一日、場所は下野国犬伏宿付近（現在の栃木県佐野市犬伏町）であった。密書は長束正家、増田長盛、前田玄以の連署状であり、内容は以下の通りであった。

急度申し入れ候。今度景勝発向の儀、内府公上巻之誓紙ならびに太閤様御置目に背かれ、秀頼様見捨てられ、出馬候間、おのおの申し談じ、楯鉾に及び候。内府公御違の条々、別紙に相見え

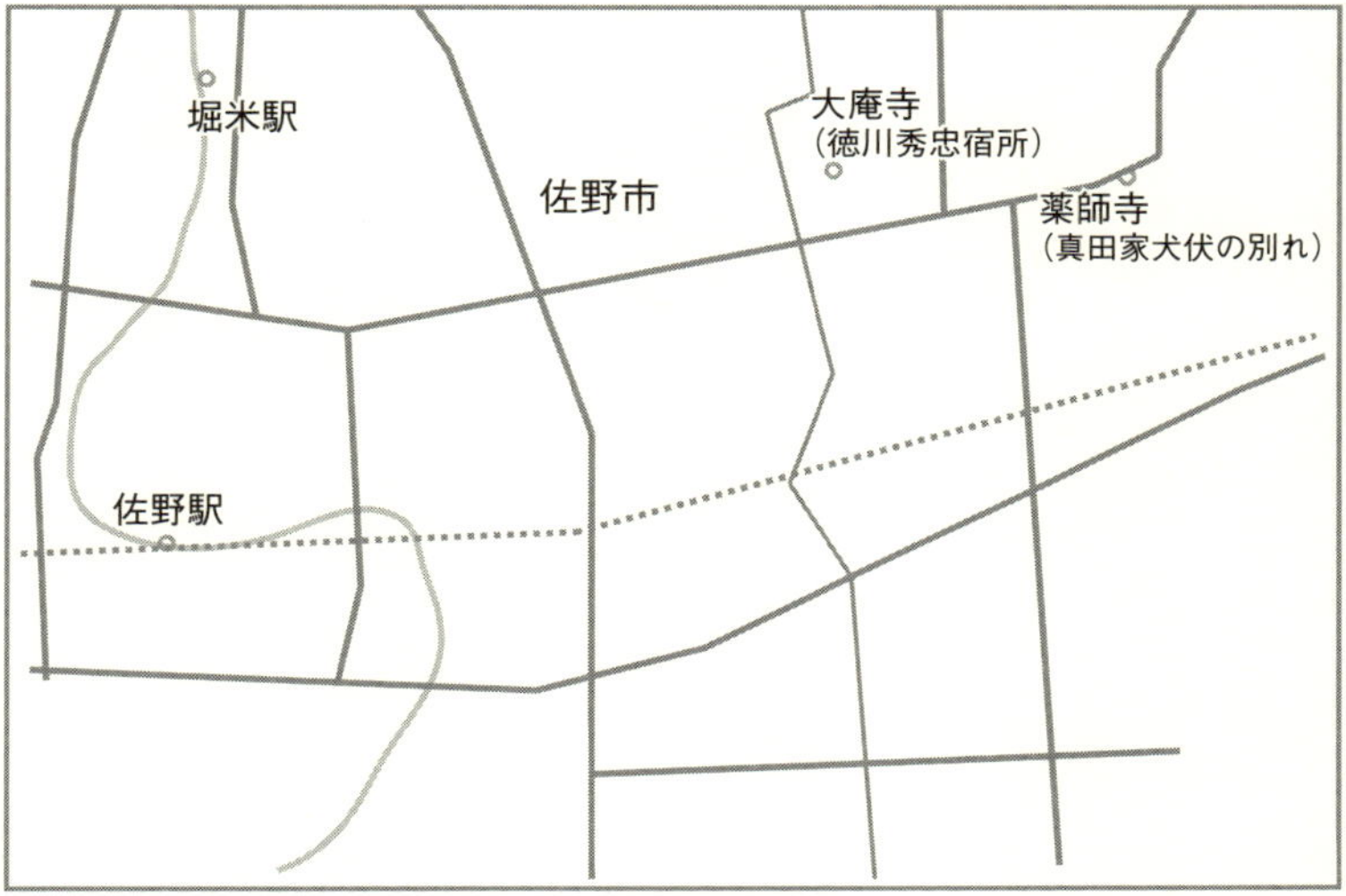

候。此旨尤と思い召し、太閤様御恩賞を相忘れられず候はば、秀頼様へ御忠節あるべく候。恐々謹言。

〈今回の上杉討伐は家康が誓紙や太閤様〈豊臣秀吉〉の遺言に背き、秀頼を見捨てて出馬したものであり、またこれまでの家康の所業について弾劾した別紙の「内府公御違の条々」の内容をもっともだと思い、また太閤様への恩を忘れていなければ、秀頼公に忠節を尽くすべく我らに合流して欲しい〉

また「内府ちがいの条々」は徳川家康がそれまで行ってきた悪事を十三箇条にまとめて糾弾した書状である。この書状を受け取った昌幸はどう対応するかを協議するため、すでに宇都宮に先着していた長男信幸を犬伏宿まで呼び、犬伏宿内の薬師堂の中で三人で夜遅くまで話しあったが、結局信幸は徳川家康に臣従するために再び宇都宮に行き、昌幸と信繁は徳川と戦うために上田へに戻ることになり、お互い「次に出会った時は敵同士」の覚悟を持って別れたのであった。この一連の出来事を「犬伏の別れ」と呼ばれる事となる。

佐野城

真田父子が密議をした薬師堂への最寄り駅は佐野駅となる。佐野駅にはＪＲ両毛線と東武佐野線が接続している。東武線であれば浅草駅から特急「りょうもう」に乗れば乗り換えなしで楽に行ける。佐野駅を降りて北側の城山口から出ると城山公園という広場がある。ここはかつての佐野城跡であり公園は佐野城三之丸の跡地である。佐野城が築城されたのが、関ヶ原の合戦後の事なので直接関係はないがせっかくなので紹介しておく。佐野城の城主、佐野氏は元々藤原秀郷を祖とするといわれている由緒ある一族であった。かつては佐野城の北にある唐沢山城を拠点としていた。

慶長七年（一六〇二）、佐野氏は突如唐沢山城を廃城とし元々ここにあった惣宗寺を移動させ新たに平城を建てた。五年後の慶長十二年（一六〇七）には佐野氏も新城に入り、城下町の整備に取り掛かったが、慶長十九年（一六一四）に佐野氏が改易処分となったために廃城となっている。

ちなみに移動させられた惣宗寺は現在は関東の三大師の一つ「佐野厄除け大師」として有名である。

薬師堂

城山公園をおりて北に向かい、やがて大きな道路に出たらあとはひたすら東に向かって三十〜四十分程歩くと道路が左側にカーブするところで赤いお堂が見えてくる。目的地の薬師堂である。お堂は考えていたよりも小さくかった。堂の横には「『真田父子　犬伏の別れ』の地」と書かれた新しい看板がある。おそらく近年の歴史ブームで訪れる人が増えたから設置したのであろう。

以下に説明文をそのまま記載する。

「慶長五年（一六〇〇）、天下分け目の関ヶ原の合戦を目前に控えた七月二十一日、徳川家康について会津の上杉家討伐に向かった真田昌幸、信幸（信之）、信繁（幸村）父子は下野国犬伏（現在の佐野市）に到着しました。そこで陣を張っていた父子のもとに石田三成から密書が届き、豊臣方に味方するよう書かれていました。この書状を受けて父子三人で話し合い、どちらが勝っても真田の家が残るよう、信幸が徳川方、昌幸と信繁が豊臣方に分かれて戦うことを決断したとされています。その話し合いの場がこの薬師堂であったといわれており、すぐそばを流れていた川に架かっていた橋は、真田父子の別れ橋としてこの地に語り継がれています。　平成二十三年九月　犬伏新町町会」

薬師堂

上杉討伐時の徳川家康はまだ豊臣家家臣である五大老の一人だった。厳密にいうと双方とも「豊臣方」になるが、それでは混乱してしまうので、あえて理解しやすいように徳川方、豊臣方と表現したのであろう。

犬伏の別れを想像してみる

さて「犬伏の別れ」をがどんな様子だったのかを想像力をフル回転して考えてみる。

慶長五年(一六〇〇)七月二十一日の夜、堂の前には昌幸と信繁がおり、信幸が来るのをじっと待っている。そこへ宇都宮から信幸が来たので、昌幸は近くにいた家臣に「堂には誰も近づけるな。そちも終わるまでそこで待て」と言って堂に入る。堂の中で三人がどのような会話をしたかはわからないが、待てと言われた家臣がなかなか出てこないので様子を見ようとしたら、昌幸が怒って手元にあった下駄を家臣に投げつけ、当たった家臣の歯が欠けてしまったとの逸話があるところを見ると、ふだん冷徹な謀将のイメージがある昌幸が苛立ってそこまでの事をするのだからだいぶ込み入った話になっていたのではと考えられる。その後の結果から考えると、昌幸は父子そろって石田方に付くつもりだったのではないだろうか。かつて真田昌幸と徳川家康の間には天正十三年(一五八五)に領地を巡っての戦い(第一次上田合戦)をしており、それ以来徳川家康とは不仲となっている。そのような状態であればたとえ徳川方に付いても大した恩賞は期待できない、それよりも石田方に付いた方がうまくいけば真田家が飛躍する機会になるのではないかと考えたのであろう。また、真田昌幸の正室と石田三成の正室は姉妹であり、信繁の正室は石田三成の親友であり石田方に付いた大谷吉継の娘(もしくは姪)で婚姻関係にある。だから真田家は石田方に付くのが最良と思ったはずである。しかしそれに異を唱えたのが長男信幸であろう。信幸の室は徳川四天王の一人である本多忠勝の娘で、家康の養女となって信幸に嫁いでいる。おそらく信幸は宇都宮での徳川家の強大さを感じ、「これからは徳川家の時代が来る」のを予感していたのではないだろうか。そんな中で石田方に付いて負ければ家康によって真田家は取り潰される、と言う思いで反対したのであろう。結局昌幸は朝まで信幸を説得するが失敗し、ならば双方別れて信じる方へと別れたのではないだろうか。

大庵寺

さて、薬師堂から程近いところに大庵寺がある。後に上杉征伐を中止して大阪にいる石田方と戦うため、宇都宮から徳川家康の息子秀忠を大将とした徳川軍が中山道を通り、真田父子が籠る上田城へ向かうときに秀忠が宿所とした寺である。大庵寺は永禄十一年（一五六八）、時の唐沢山城主佐野昌綱が家臣の菩提を弔うために創建された寺である。寺は最近建て直された感じがして、案内板には秀忠が宿所としたことは記載されていなかったが、境内の左手奥の石碑の文言の中に以下の文を見つけた。「慶長五年東照公偶會津出陣ニ會シ台徳公當寺ニ館セラル」東照公は徳川家康の事であり台徳公は徳川秀忠の事である。その後、秀忠は上田城攻めで真田昌幸・信繁父子のために痛い目に遭うのだが、それはまた別の話

大庵寺

となる。

小山評定所跡

最後に小山評定の跡地へと向かう。佐野駅に戻り、両毛線で終点小山駅に向かう。小山駅を降りると「徳川家康決断の地　開運小山評定」と書かれた大きな看板が目に入る。小山評定跡は湖山駅から一キロほどの所にある小山市役所の駐車場内にある。犬伏で父と弟と袂を分かった真田信幸は徳川家康にその旨を報告した。それに対して家康は信幸宛てに次のような書状を出して、信幸を賞賛している。

今度安房守（昌幸）罷り帰られ候処、日頃の儀を相違へず、立たれ候事、奇特千万に候。猶、本多佐渡守（忠勝）申すべく候の間、具にする能はず候。恐々謹言。
七月二十四日　家康　真田伊豆守（信幸）殿

この書状を書いた日に家康は小山に着き、翌二十五日に家康は上杉討伐に同行してきた諸大名相手に評定を開いている。家康は石田三成が大阪で徳川討伐の軍を挙げた事をつげ「自分につくのも石田方に付くのも自由」と表明したのに対して、福島正則や黒田長政などのほとんどの大名が徳川家康に協力することを誓っている。この評定に信幸は出席していなかったようだが、家康は福島正則や黒田長政などの豊臣恩顧の武将たちに対して色々根回しはしていたが、本当に味方になってくれるかはわからない状況であったそんな中いち早く味方になってくれた信幸に対して、家康は石田方に付いた昌幸の所領である小県郡を信幸に安堵する旨の書状を出している。後に「天下分け目の戦い」といわれ徳川軍と石田軍が激突する関ヶ原の戦いはこれより約一カ月半後の慶長五年（一六〇〇）九月十五日のこととなる。

長篠・設楽原合戦と信綱・昌輝兄弟墓碑（愛知県新城市）

舟久保　藍

長篠城合戦

長篠（愛知県新城市）は、平地の三河・遠江から山間の甲斐・信州地域への道筋にあり、平地から山地へと地形が変化する境目に位置する。豊川と宇連《うれ》川合流点の、約五十メートルの断崖上に築かれた長篠城は要害の地であり、武田氏にとって信州から三河・遠江へ進出するための重要な拠点であった。同時に、ここを取れば徳川氏の吉田城、浜松城を脅かすことの出来る位置であったことから、長篠城を巡って徳川氏と武田氏の攻防は激しく繰り返された。

その中で最も大きな戦いが、天正三年（一五七五）五月の長篠・設楽原合戦である。かつて駿河の今川義元が桶狭間の戦いで斃れると、長篠城は松平元康（徳川家康）が抑えた。しかし元亀二年（一五七一）に武田軍の攻撃を受け当時の城主菅沼正貞《まさただ》は武田方に帰属する。武田信玄はこれを足掛かりに三遠進出を図ったが、天正元年（一五七三）、野田城で倒れ、それと知った家康は反撃に転じて同年、長篠城を奪い返すことに成功する。そして徳川方に下った奥平貞昌を長篠城主として城の守りに就かせたのである。

武田勝頼は、信玄の遺志を継いで三遠侵攻を開始した。天正二年（一五七四）、高天神城（静岡県掛川市）を制圧して遠州から家康の勢力を追い払い、その勢いのまま天正三年（一五七五）四月、長篠を目指した。総人数は一万五〇〇〇人。これに対して長篠城を守る徳川軍は、城主奥平貞昌以下五〇〇人であった。

この合戦に武田二十四将のひとりとして出陣をしたのが、真田源太左衛門尉信綱（一五三七～一五七五）で、弟の兵部丞昌輝（一五四三～一五七五）と昌幸（一五四七～一六一一）も共に戦場に出た。真田中興の祖といわれる幸隆の長男信綱は、武田氏の家臣として川中島合戦（対上杉）・伊豆韮山の戦い（対北條）・三方ヶ原の戦い（対徳川）等で活躍し、前年に家督を継いだばかりである。

長篠城址

五月八日、武田軍は長篠城を包囲し攻撃を開始した。配陣は、以下のとおりである。

城の北　大通寺山　武田信豊・馬場信春・小山田昌行等　二千人

同西北　一條信龍・真田信綱、其の弟昌輝・土屋昌次等　二千五百人

同西瀧川の左岸　内藤昌豊・小幡信貞等　二千人

同南篠場野　武田信廉・穴山信君・原昌胤・菅沼定直等　千五百人

遊軍　有海村　　　山縣昌景・高阪昌澄等　千人
本軍　医王寺山　　武田勝頼・武田信友、其の子信光及び望月信雅等属す　三千人
後軍　医王寺山後　甘利信康・小山田信茂・跡部勝資等　二千人
鳶ヶ巣山及びその支塁　武田信實等　千人
※瀧川は豊川（寒狭川）を指す
（参謀本部第四部編纂『日本戦史長篠役』元眞社）

竹筏を組んで渡河し絶壁を下から攻め、あるいは横穴を掘っての城内進入作戦や兵糧庫奪取など、連日苛烈な猛攻を仕掛けたが、いたずらに犠牲者が増えるばかりで戦いはついに持久戦にならざるをえなくなった。武田軍は城外に柵を巡らせ、堀を作って水を張ると、城内で食糧が尽き士気が衰えるのを待つことにしたのである。

武田軍の猛攻から六日後の五月十四日、城中から鳥居強左衛門《すねえもん》の脱出が決行される。鳥居は厳しい長篠城包囲網の脱出に成功すると岡崎城まで走り、家康に援軍を要請した。この時、すでに徳川・織田の連合軍が岡崎に集結していた。鳥居の勇猛果敢さに信長は、本隊進軍の道案内をするよう命じたが、鳥居は一刻も早く朗報を城内に伝えたいとして辞退し、城へとって返した。雁峰山《かんぽう》で、援軍来るを意味する狼煙を三つあげた鳥居は、城内への侵入経路を探って篠場野（新城市有海）まで来たが、ついに武田軍に見つかり捕えられた。

落城寸前の城内へ向け「援軍は来ない、速やかに武田方へ降るべし」と叫ぶことを強要された鳥

居は、表向きは快諾し城の弾正廓附近まで行くと、武田軍の意に反して、まもなく援軍が到着する事を声高に呼ばわった。その知らせと城内から見える場所で磔刑に処された鳥居の雄姿に奥平軍は奮起し、反対に武田軍は城を囲んだまま、主力を徳川・織田軍の迎撃へと廻さなければならなくなったのである。

こうして決戦の舞台は、長篠から設楽原へと移っていく。

設楽原《したらはら》合戦

徳川軍では五月十日に信長に援軍を要請して、長篠援兵への準備を整え始めていた。信長は十四日に岡崎に到着しており、翌十五日、鳥居の報に接している。進軍を開始した徳川軍約八千と織田軍約三万は、十八日、長篠の約三キロ手前の設楽原極楽寺跡に布陣した。

長篠設楽原決戦場の碑

五月十九日、武田勝頼は医王寺山本陣に諸将を集めて軍議を開いた。設楽原の西に布陣する敵に対するため、長篠城の監視は鳶ヶ巣山等の砦に任せ、全軍設楽原へ進軍して決戦すべしとする主戦派と、ここはいったん引き揚げ、敵を伊那谷へ誘い込んで叩くべしとする避戦派に分かれて議論紛糾した。勝頼は主戦派の意見を入れると、翌二十日、篠場野と鳶ヶ巣山砦の隊を残して、設楽原へ向かった。

しかしその日の晩、徳川軍の奇襲隊が鳶ヶ巣山砦を背後から襲撃したために砦は陥落し、城中から奥平軍が討って出た。武田軍は背後からも敵の脅威を受けることになったのである。

「武田氏は新羅公以来、いまだかつて敵を避けず。今、戦わずして軍を班《か》へし敵に冑後《ちゅうご》を見せしむるは祖先を忝かしむる者なり」（前出『日本戦史長篠役』）

軍議で発した跡目勝資《あとべかつすけ》の言葉である。新羅三郎公（源頼義の三子、新羅三郎源義光）より信玄公までの武田家二十七代で、かつて敵を避け戦わずに後ろを見せたことはない。それは先祖を辱めることであると鼓舞した。

明けて二十一日。武田軍は、設楽原東側に進撃展開した。

右翼隊　浅木附近に陣す　約三千人
穴山信君・馬場信春・真田信綱、其の弟昌輝・土屋昌次・一條信龍
中央隊　清井田附近に陣す　約三千人
武田信廉・内藤昌豊・原昌胤・安中景繁・和田業繁・其他西上野の諸士
左翼隊　清井田の南方高地に陣す　約三千人
武田信豊・山縣昌景・小笠原信嶺・松岡右京・菅沼定直・小山田信茂・跡部勝資・
甘利信康・小幡信貞、其の弟信秀
総予備隊　有海の西方に陣す　約三千人

武田勝頼・望月信雅、武田信友、同信光その前後に備える

（前出『日本戦史長篠役』）

東西のなだらかな丘陵地に挟まれた設楽原は、中央に連吾川が北から南へ流れる田園地帯である。徳川・織田連合軍は、西側に三重の柵を二キロに渡って構築し、その内側に三千挺の火縄銃を配して、最強と謳われた武田騎馬軍団を待ち構えた。

「武田勢は、押太鼓を打て掛り、大筒に構うべからずとて、無二無三に佐久間が手へ駈け入り、鯨波をどっと上る」（『改定増補　長篠日記』長篠城址史跡保存館）

真田兄弟戦死の地（上）織田・徳川連合軍の馬防柵（下）

陣太鼓を打ち鳴らし、大筒には気を取られるなと、武田軍は無二無三に突撃する中、右翼隊は織田軍の武将佐久間信盛陣へ攻めかかった。先陣は馬場信春、二番手は真田信綱、昌輝である。三番手土屋昌次、四番手穴山信君、五番手一條信龍。騎馬隊は怒濤の勢いで押し寄せたが、徳川・織田軍が馬防柵の内側から浴びせる一斉砲火の前に、次々と斃れた。入れ替わり入れ替わり、柵を押し破らんと迫るも鉄砲を撃ちかけられ攻めあぐねる中、信綱は、青江貞次の作三尺三寸の陣刀を振り回して敵陣に迫ったといわれ

る。織田軍の銃撃に味方が倒れていく中、土屋隊と交互に奮戦し、まさに柵を破ろうとした時、柴田勝家・羽柴秀吉の隊などが北から迂回して真田隊の側面を突いてきた。信綱と昌輝、土屋昌次はやむを得ず退却、乱戦の中で討ち死したという。（前出『日本戦史長篠役』）

「長篠合戦図」

そのうちに山縣昌景などの将も討死し、あちこちで隊が崩れはじめると、徳川・織田軍は柵を出て一斉に突撃をかけはじめた。浮足立った武田軍は敗走し、諸将も次々と討たれた。『長篠日記』には、「真田源太左衛門、同兵部は馬場美濃守と入替り、柵を一重破り、兄弟ともに深手を負い、討死なり」とあり、『改正三河後風土記』では「真田源太左衛門信綱は渡部半十郎政綱にうたれ」とある。また『日本戦史長篠役』には「源太左衛門信綱・兵部丞昌輝兄弟、兼て今日の戦ひ必死と思ひ極めたれば少も怯まず益々奮戦し、一族禰津神平是廣・鎌原筑前守・常田図書其の他宗徒の家臣等と共に乱軍の中に闘死す。」と記され、昌輝の手勢は敵の首を十六討ちとり、そのうち二つは昌輝自身が上げたとしている。

信綱、三十九歳。昌輝、三十三歳。信綱の首は徳川家臣渡部政綱がとったとされるが、近習の北沢最蔵・白川勘解由が陣羽織に

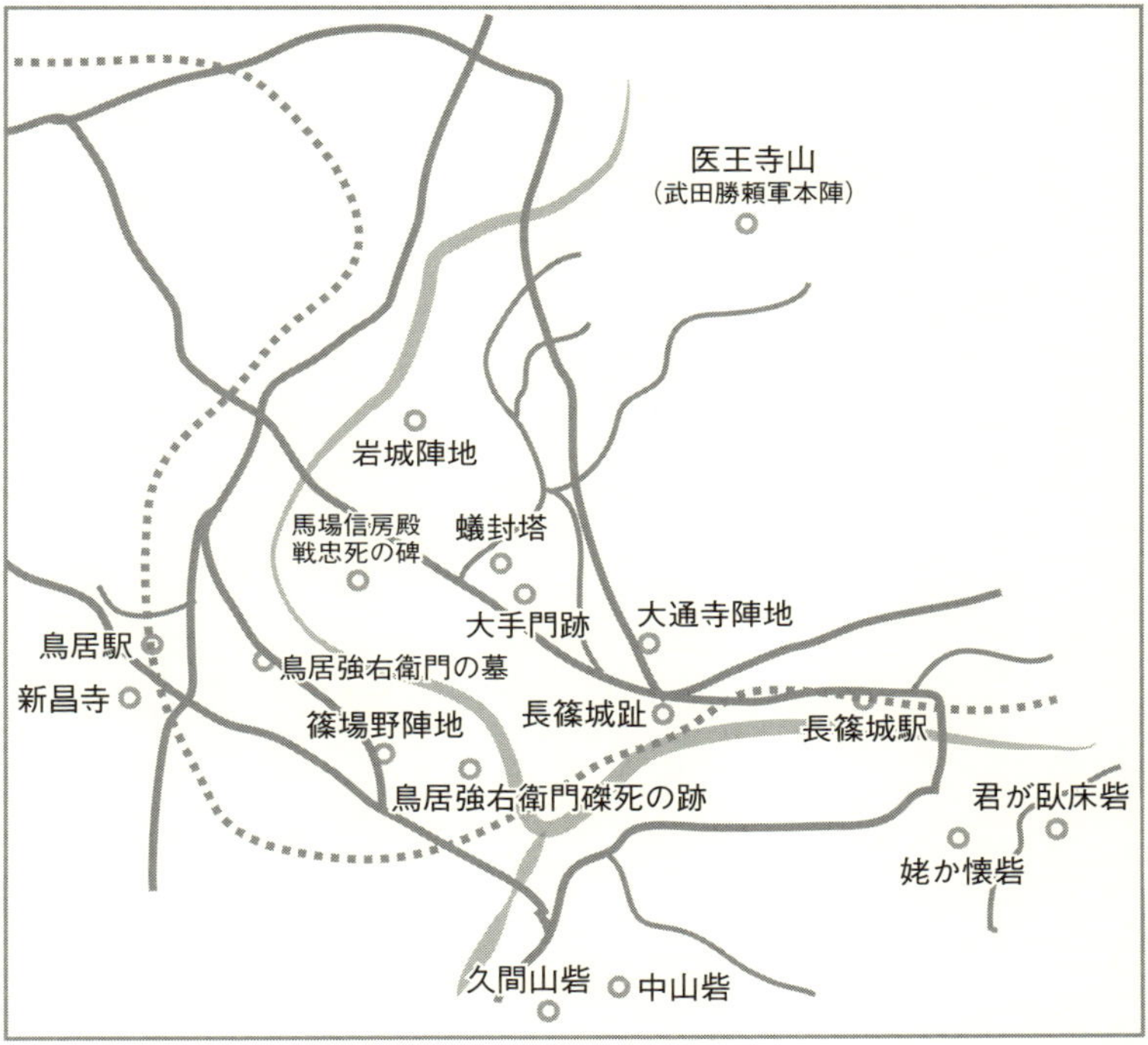

包んで持ち帰ったともいわれ、血染めの陣羽織と墓が上田市の信綱寺にある。

真田家のその後

徳川・織田軍の鉄砲戦術の前に敗れ去った武田軍は、主だった諸将を亡くして敗走し、以後、武田家は衰亡の途を辿ることになる。

『改正三河後風土記』はいう。

「今度、武田にて鬼神の如く呼れたる老功武勇の将卒、馬場・山縣・内藤・土屋・原・真田をはじめとし、数を尽して討死しければ、是より武田が武威は大に劣たり」

後陣に配された昌幸はこの戦を生き延び、兄二人が戦死したことで家督を継いだ。のち北上州を次々と攻略して「真田王国」を打ち立てた。時勢を見極め、その時々に徳川家康、上杉景勝、豊臣秀吉に従い、慶長五年（一六〇〇）の関ヶ原合戦では西軍に属して上田城にあり、秀忠軍を散々に悩ませた。戦後は、次男幸村と九度山へ配流となり、同地で没した。

昭和三十九年、連吾川で堰堤の工事中、上州（群馬県）沼田地方の橄欖岩製の矢立て硯が土の中から発見された。上州沼田出身の真田兄弟はじめ、上州武者が多く戦死した場所である。激しい戦いの中で紛れ土に埋もれ、四〇〇年の時を越えて出土したこの品は、真田兄弟らの奮戦を彷彿とさせる。

長篠城址史跡保存館

決戦前夜から籠城の様、徳川方の武将鳥居強右衛門の雄姿など見どころは多い。ここを拠点に周辺に点在する史跡散策をしよう。

長篠城周辺散策ルート

長篠城址→大通寺（武田軍陣地。設楽原決戦前夜、馬場信房・山縣昌景・内藤昌豊・土屋昌次の四武将が別れの水盃を交わしたという井戸がある）→医王寺（寺の裏医王寺山が長篠城包囲戦の武田勝頼本陣）→蟻封

長篠城址史跡保存館

■愛知県新城市長篠字市場22-1
　ＪＲ飯田線　長篠城駅下車徒歩８分
　東名高速道路　豊川インターチェンジより19キロ
■電話　0536-32-0162
●開館時間　９時～17時（入館は16時30分まで）
●休館日　毎週火曜日・年末年始
●入館料　一般210円

塔（戦死者埋葬地。当時夥しい蟻が出て近隣住民を悩ませたため、石碑を建て戦死者を丁重に供養し蟻封じをしたといわれる）→馬場信房の墓（敗走する勝頼を守って殿《しんがり》を務め戦死した信房の墓碑）→新昌寺（鳥居強右衛門の墓。側面に辞世が刻まれる。「わが君の命に替る玉の緒をなどいといけん武士の道」）→鳥居強右衛門磔死の跡碑（土地改良事業によって、城域を望む豊川畔に移されている）→牛渕橋（豊川と宇連川の合流地点にかかる橋上から北に城址を望むことができる）

設楽原歴史資料館

古戦場を廻る手始めにお勧め。合戦のみならず新城市の歴史、周辺史跡がよく分かる。中でも火縄銃の展示は圧巻。屋上からは設楽原合戦地が一望できる。資料や合戦史跡マップも販売されており、徳川・織田軍の馬防柵再現や、武将たちの戦死地、両軍の本陣、進軍ルートなど、マップを片手に巡ると間違いない。周辺は広範囲に史跡が点在するため、車で廻るのがベスト。

真田信綱・昌輝兄弟墓碑

設楽原古戦場の北の御子山に信綱・昌輝、そしてともに奮戦した一族の墓碑がある。

鳥居強右衛門磔死の跡碑

設楽原歴史資料館
■愛知県新城市竹広字信玄原552
ＪＲ飯田線　三河東郷駅下車徒歩15分
東名高速道路　豊川インターチェンジより16キロ
■電話　0536-22-0673
●開館時間　９時～17時（入館は16時30分まで）
●休館日　毎週火曜日・年末年始
●入館料　一般300円

合戦から三十三年後の慶長十九年（一六一四）、金子《かねこ》諸山《しょざん》なる人物が戦跡を巡歴して『諸山随筆　戦場考』を記した。それには、真田兄弟らの墓石について次のようにある。

　設楽原富永庄浅木村三子山の最東端の山腹に眞田一族の墓所のありけるを訪づねたれば果して上手の段に土饅頭へ荊棘の纏りもせで掃き清めて小さき川石に眞田源太左衛門尉信綱之墓と刻し、尚一つの石には眞田兵部丞昌輝之墓と彫り付てあれば其下手の段には矢張川石に禰津甚平是廣之墓とほり入れ又一個の石には鎌原筑前守之綱・常田図書春清之墓とほり込みたるを読み下すだに涙のたねにぞありける。

　当時は小さな川石の墓石であったが、現在の信綱・昌輝の墓碑は、大正三（一九一四）年五月に顕彰会が建立したもので、当時の陸軍大将土屋光春が筆を執っている。

真田信綱・昌輝兄弟と家臣の墓碑

真田信綱・昌輝兄弟墓碑

■愛知県新城市八束穂
設楽原歴史資料館から北へ約３キロ
新城駅から新城市営バス　宮脇バス停下車　五反田川を渡って約200メートル
※市営バス運行は平日のみ５便

〈参考文献〉

参謀本部第四部編纂『日本戦史長篠役』元眞社・一九〇三年

『改定増補　長篠日記』長篠城址史跡保存館・二〇〇二年
桑田忠親『改正三河後風土記』秋田書店・一九七六年
柴辻俊六『真田昌幸』吉川弘文館・一九九六年
『新訂寛政重修諸家譜第十二』続群書類従完成会・一九六五年
『設楽原戦場考』設楽原をまもる会・一九九九年

大珠院《だいじゅいん》　幸村夫妻墓（京都市右京区龍安寺山内）

舟久保　藍

豊臣秀吉に仕え、尾張犬山城主を務めた石川貞清は、関ヶ原合戦で西軍に属して戦ったが、敗戦後に所領を没収され、京都で隠遁生活を送った。宗林と号し茶人として暮らしていた貞清に嫁いだのが、真田幸村の七女おかねである。おかねは、龍安寺塔頭大珠院に父母兄弟の墓を建てて菩提を弔った。

江戸中期の『都林泉名勝図会』に既に幸村夫妻の墓が次のように紹介されている。

大珠院の林泉は鏡容池《きょうようち》西の方に巡りて庭中の美となる。池中の島へ石橋をわたして島の中に綾杉といふ名木あり。株の皮目に杢ありて綾絹に似たり。葉は常の杉に等し。高さ三丈ばかり、京師の珍木なり。その木の下に墳墓あり。中に真田左衛門尉幸村の墓あり、五輪の石塔婆を建てて法号を鐫ず。

中江杜澂《とうよう》が詩を寄せている。

「真田墓　風雷半夜呉王の墓　天地清秋伍相の祠　成敗は古今共に陣跡　林泉深き処軍師を弔す

松窠杜澂《しょうかとちょう》」

石橋から鏡容池の島へ渡ると、はたして、おかねが建立したという真田一族の墓が並ぶ。右端から、幸村、嫡男幸昌、姉妹三人、そして幸村の妻竹林院とされる。竹林院は大谷吉継の娘で、大坂夏の陣敗戦後の慶長二十年（一六一五）五月二日、和歌山城主浅野長晟によって紀州伊都郡で捕えられたが、のち許されて京都で晩年を過ごし慶安二年（一六四九）五月十八日に没した。

当寺の本堂に位牌が安置されており、日付は慶長二十年（一六一五）五月七日。幸村が討死した日である。法号は大光院殿日道光白居士。竹林院の法号は竹林院梅渓永春清大姉。※非公開につき、問い合わせ等はご遠慮ください。

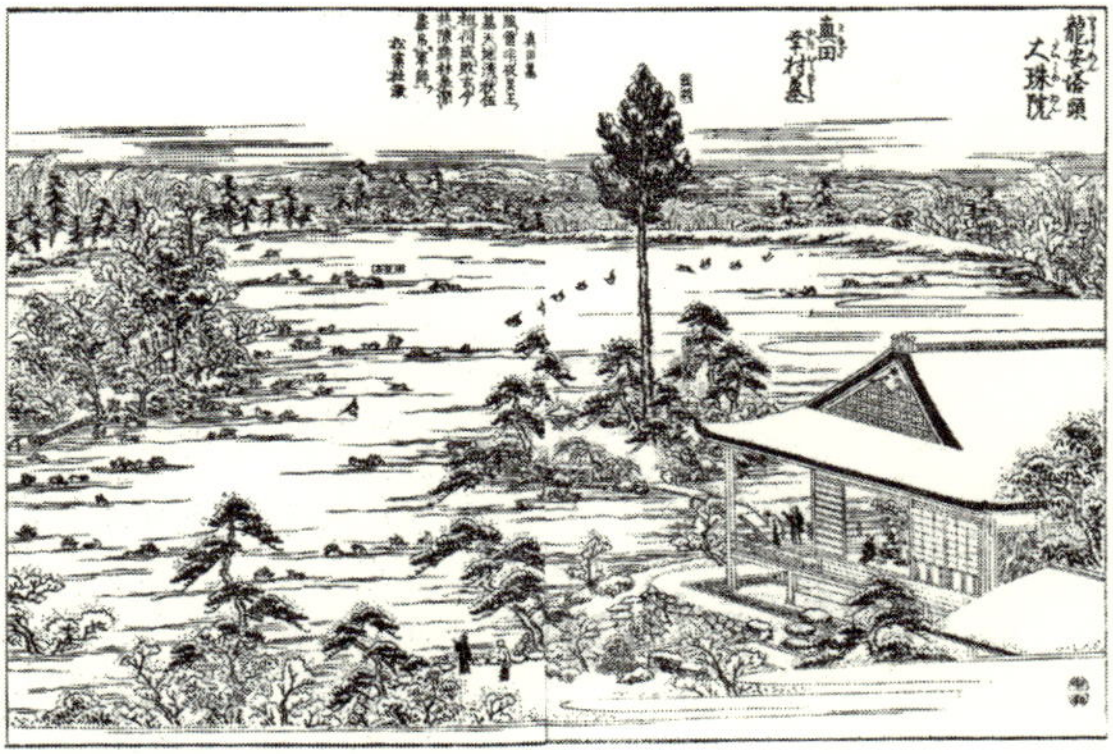

都林泉名勝図絵

〈参考文献〉
真田博明『眞田氏の四六〇年』真田六文会
笹元正治『真田氏三代』ミネルヴァ書房　二〇〇九年
『日本名所風俗図会　七　京都の巻　一』角川書店　一九七九年
『都林泉名勝図絵』

伏見城の変遷（京都市伏見区）

舟久保　藍

伏見城は三度、築かれた城である。一度目は、豊臣秀吉が文禄元年（一五九二）、自分の隠居屋敷として造営を始めた指月の伏見城である（伏見区桃山町泰長老）。場所は宇治川から巨椋池を臨む、古くから観月の名所として謳われてきた指月の丘一帯であった。翌文禄二年（一五九三）八月には完成を見たが、明の講和使節応対と嫡男秀頼の誕生により、まもなく本格的な築城へと改修されることになった。合わせて周辺の土木工事も進められたが、城下町の整備はもとより、宇治川の流れを変えて城近くまで水路を引きいれ、伏見に港を建設したほか、巨椋池に新たな小倉堤を築いて大和街道を整備するなどの大規模なものであった。

こういった普請は、諸大名に資材と労働力が課せられ、真田昌幸・信幸・信繁も含まれていた。当初、隠居屋敷のみの規模であった文禄二年十二月七日の時点では、秀吉は信幸の普請役を免除するので国元に帰り領内の開発等に専念するよう伝えているが、僅か十日後の十七日になって、来年三月から九月まで城普請をすることになったので二月には上京するよう言い渡している。結局昌幸は、文禄三年（一五九四）三月から一六八〇人を動員して城の普請に従事した。また六月には築城用の材木百五十駄を木曽から近江朝妻へと運搬している（米山一政『真田家文書』長野市）。これらの大土木工事に従事した総人数は、人夫約二十五万人であった。

しかし文禄五年（一五九六）閏七月十二日深夜に近畿地方で起こった大地震によって、城は倒壊してしまう。これは大阪と奈良の県境辺りを震源とするマグニチュード七・五規模で、慶長の大地震と呼ばれる。伏見城は大破し、城内だけで死者は約六〇〇名にのぼり、秀吉は、僅かに残った台所で一夜を明かし、夜が明けると城から約一キロ離れた木幡山に仮小屋を建てて避難生活を送った。

地震翌日の十四日、秀吉は早くも木幡山に城を再建することを決め、奉行衆を集めて縄張りをさせた。そればかりか十五日には工事に着工し、約三カ月後の十月十日には本丸を完成させたのである。その様子は、抑留せられていた朝鮮人羌沆《きょうこう》の記録『看羊録　朝鮮儒者の日本抑留記』によると、「山を移して河水を填め、石を走らせ木を飛ばせ」「数十間にもなる広大な屋敷を毀したりせず、人間の肩に担いで東に移し西に置き」という状況で、秀吉自身は「毎日のように杖をつき鋤をになって直接工事の監督をし、厳寒、猛暑もいとわなかった」という。また家臣たちの様子についても「家康らが奔走服役し、大声で助力する有様は奴と同じようであった」と書いている。

このように、倒壊した指月伏見城の資材を再利用し、また秀頼殺害後に破却された聚楽第などの多くの建物が移築されたこともあるが、翌慶長二年（一五九七）には天守閣・殿舎・茶亭・多門櫓・月見櫓・西の丸・松の丸・名護屋丸・三の丸・能舞台と、次々と完成させていき、壮大かつ絢爛さは指月伏見城を凌ぐ規模であった。これが二度目の築城で、木幡山に築かれたことから木幡伏見城といわれる。慶長二年五月、秀吉は再建なった新しい城に入ったが、僅か一年三カ月後の慶長三年

（一五九八）八月、同所で没した。

秀吉の没後、天下の大勢はめまぐるしい変化を見せ始める。慶長四年（一五九九）になると秀頼が大坂城へ移り、代わって徳川家康が入城するが、その家康ものちに大坂城へ移る。城を取り巻くようにあった大名屋敷も殆どが大坂へと移って行き、城下町は荒廃していった。

慶長五年（一六〇〇）、家康が会津征伐へ動いた隙に、伏見城は石田三成らによって攻撃される。この時、真田昌幸・信幸・信繁は家康とともに行動をしている。下野国犬伏（栃木県佐野市）に布陣した時、石田三成の密使が来たために、父子は真田家の去就を話し合った。結果、長男信幸だけが家康軍に残り、昌幸と次男信繁父子は西軍に味方するために陣を離れたのである。父子兄弟が敵味方に別れて真田家を存続させるための決定は、この時になされた。

七月十八日、石田三成ら西軍が伏見城を攻撃し、城を守っていた家康譜代の家臣鳥居元忠は戦死し、城は炎上した。

同年九月十五日の関ヶ原の戦いをへて、慶長六年（一六〇一）、家康は城の再建に着手する。これが三度目の築城で、二年後の慶長八年（一六〇三）に家康は同所で征夷大将軍の宣下を受けた。その後、二代秀忠の将軍宣下の場にもなったが、元和五年（一六一九）に廃城が決定されてから徐々に取り壊されていき、元和九年（一六二三）、三代家光の将軍宣下を執り行ったのち完全に廃された。

秀吉の造営から約三十年。権力のままに豪華絢爛を誇った城は、短命にして波乱万丈な生涯を終えた。

廃城後、幕府直轄地の伏見は、京と大坂を結ぶ交通の利便性もあって商業都市として発展した。木幡山一帯には、いつしか桃の木が植えられた。一六七〇年代には民衆の間に桃花見物が定着し、この地は桃山と呼ばれるようになった。明治十三年（一八八〇）、桓武天皇柏原陵が桃山町永井久太郎の地に治定され宮内省の御料地となり、ついで明治天皇の陵墓伏見桃山陵、昭憲皇太后桃山東陵が営まれた。桃花の名所も消えた現在、近年の発掘調査による遺構、近畿を中心に移築された伏見城の建物、地名から当時の大名屋敷の面影を偲ぶ事ができる。

伏見城

昭和三十九年（一九六四）、伏見桃山キャッスルランドが建設され、伏見城をイメージした模擬天守が作られた。場所は城内の御花畑山荘あたりと推定され、実際の天守閣のあった位置とは異なる。キャッスルランドは平成十五年（二〇〇三）に閉園となったが、天守は伏見のシンボルとして残された。しかし耐震強度を満たしていない可能性があることから内部見学は不可。周辺は、京都市によって伏見桃山運動公園として整備されている。

伏見城模擬天守と木幡伏見城の花畑曲輪跡（上）
木幡伏見城の東南外壁の石垣（下）

伏見城

■京都市伏見区桃山町大蔵
近鉄京都線近鉄丹波橋駅・京阪本線丹波橋駅から約２キロ
伏見桃山運動公園は有料駐車場あり

伏見城伝承遺構ほか

○伏見北堀公園
伏見城の堀を利用して整備された公園。武者走りをしのぶ園路、広場やながれ、池などがつくられ、地域体育館や運動公園を有する。
■京都市伏見区桃山町大蔵

○桃山東小学校
城の南東で発掘された伏見城の石垣。桃山東小学校正門を入って左手に移築復元されている。
■京都市伏見区桃山町伊庭12

○御香宮神社
表門は伏見城の大手門の遺構といわれる。境内には城の残石が残る。

○桃山御陵参道
明治天皇伏見桃山陵及び昭憲皇太后伏見桃山東陵への参道南側に、石垣の残石が並べられている。明治天皇伏見桃山陵は伏見城本丸に位置し、昭憲皇太后伏見桃山東陵は名護屋丸に位置する。
■京都市伏見区桃山町古城山
ＪＲ桃山駅下車　東へ約1.5キロ　近鉄京都線桃山御陵前駅・京阪伏見桃山駅下車　東へ約１キロ

〈参考文献〉

米山一政編『真田家文書』長野市　一九八二年
柴辻俊六『真田昌幸』吉川弘文館　一九九六年
笹本正治『真田氏三代　真田は日本一の兵』ミネルヴァ書房　二〇〇九年
櫻井成廣『豊臣秀吉の居城　聚楽第／伏見城編』日本城郭資料館出版会　一九七一年
柘植久慶『戦乱の都・京都　日本の歴史はここで動いた』ＰＨＰ研究所　二〇〇九年
羌沆著・朴鐘鳴訳注『看羊録　朝鮮儒者の日本抑留記』平凡社　一九八四年
藤林武『伏見城紀行』吉田地図販売株式会社

宮城に残る仙台真田氏の足跡（宮城県白石市・蔵王町）

寒河江昌英

有名な歴史と無名の歴史、勝者の歴史と敗者の歴史、歴史にもいろいろな種類があるが、〝知られてはいけない歴史〟というものも存在する。歴史はロマンだとよく言われるが、〝知られてはいけない歴史〟ほどロマンに溢れ、興味を掻き立てるものが他にあろうか。徳川家康の首を狙った〝大悪党〟真田幸村の血脈は途絶えたと徳川幕府は考えていた。しかし、事実は異なる。〝日本一の兵〟とまで称えられた真田幸村の子孫は仙台藩士として確かに存在し続けたのだ。仙台真田氏と呼ばれるこの一族は、戦国時代を代表する武将 真田幸村直系の血統を引いているのである。彼等の存在は徳川幕府がこの国を統治した時代を通して〝知られてはいけない歴史〟として水面下で脈々と受け継がれていった。神秘のベールに包まれ、歴史ロマンを大いに感じさせてくれる仙台真田氏のストーリーは、宮城県南部の白石市と蔵王町に残るその史跡を訪ねることで紐解くことができる。

仙台の街を桜吹雪が覆い、季節が一つ進んだことを実感させてくれたこの日、私は仙台真田氏の足跡を求めて白石市と蔵王町に足を運んだ。待ち合わせ場所に笑顔で現れた男性は、この小旅行にご同行いただく東海林正年さんである。この方はＪＲ東日本 白石蔵王駅の前駅長であり、歴史と観光を結びつける活動を長くされている。「ばったり知り合いと会って、つい話し込んでしまいました」と時間ピッタリに到着したのにそう言って笑う姿は、まさにこの方の人柄を表している。
東北自動車道を仙台から南に向かって四十分も走ると、あっという間に最初の目的地である蔵王町ございんホールに到着した。待ち合わせをしていた蔵王町教育委員会の佐藤洋一さんは〝特別展仙台真田氏の名宝Ⅲ〟と銘打たれた催しの展示室前に立っておられた。佐藤さんは蔵王町と真田氏の繋がりを町民に広く知ってもらうと共に、一つの歴史遺産として継承していくことに情熱を注ぐ、歴史と真摯に向き合う実直な方だ。かくして、この小旅行にご同行いただく二名が揃い、仙台真田氏の足跡を辿る歴史旅がスタートした。

史跡に向かう前に〝特別展 仙台真田氏の名宝Ⅲ〟に展示された宝物を佐藤さんが一つ一つ細かく説明してくれた。真田幸村所用の槍や軍扇、それに南蛮胴具足など、展示品は貴重なものばかりで、さすがは現仙台真田氏当主である真田徹氏の所蔵品だなと思わず唸ってしまったわけだが、これら宝物の中でも特に私の目を引いたのは〝道明寺陣立図〟である。幕末における仙台真田氏の当主で、戊辰戦争では仙台藩の中心的な役割を果たした真田喜平太が書いたというこの〝道明寺陣立図〟であるが、仙台真田氏にとって道明寺の戦いは特別なものであった。なぜなら仙台真田氏の物語は、大坂夏の陣における道明寺の戦いから始まったのだから。
一六一五年、豊臣方の守る大坂城に、徳川家康は大軍を率いて襲いかかった。世に言う大坂夏の陣と言われるこの大合戦に、伊達政宗も徳川方として参戦した。大坂冬の陣の後に大坂城の堀を埋められた豊臣方は、天下の名城と謳われたこの城に籠ることが出来ず、城から打って出て戦うこととなった。そして、真田幸村軍と伊達政宗軍が戦火を交えたのが道明寺の戦いである。後藤又兵衛軍を打ち破った伊達軍はさらに兵を進め、真田軍と激突する。伊達軍の先鋒は片倉小十郎重綱（後に重長と改名）である。片倉隊は重綱が〝鬼小十郎〟と後に称されるほど活躍し、真田幸村軍と互角の戦いを演じた。画期的な戦法であった騎馬鉄砲隊を投入した伊達軍に対し、真田軍は敵を引き付けて一気に殲滅する得意の戦法で対抗する。一進一退の攻防が続くも、結局この戦いは双方譲らず決着は付かなかったが、この時点で豊臣方は大坂城近郊まで追い詰められ、徳川方の圧倒的な優位は動かなかった。

その夜、真田幸村は最後の突撃を翌日に控え、ある決断を下す。五女である阿梅を密かに大坂城から脱出させ、先ほどまで戦火を交えていた伊達政宗軍先鋒の片倉小十郎重綱の陣に送り届けたのである。娘が重綱に保護されたことを知った幸村は、天王寺・岡山の戦いと言われる野戦に臨み、徳川家康をあと一歩のところまで追い詰めるも、無念の死を遂げた。豊臣方の敗北が決定的となり、豊臣秀頼が切腹するに至り、幸村の長男大助もまた自ら腹を切って果てたのだった。こうして大坂夏の陣は徳川方の勝利で幕を閉じた。阿梅を保護した伊達軍片倉隊は戦後、帰路に就くべく京に向かった。そして、京に滞在中の重綱の元に、幸村の遺臣三井景国の家臣である我妻佐渡と西村孫之進に守られた幸村の次男大八と四女お弁、七女おかね、八女（名前不明）が送り届けられた。彼等を保護した重綱は、阿梅も含めた幸村の子息たちを自らが引き取り、養育することとしたのである。大坂夏の陣後、残党狩りは苛烈を極め、豊臣側に属した者の親族、特に男子は手当たり次第に極刑に処された。家康を追い詰めた真田幸村の次男を匿っていることが徳川幕府の耳に入れば伊達家もただでは済まない。それでも重綱、そして伊達政宗は彼等を保護したのだ。

これが〝知られてはいけない歴史〟仙台真田氏の始まりである。〝道明寺陣立図〟を描いた真田喜平太は、出自を公にはできないながらも、そのルーツである合戦の陣立て図を自ら認め、日本一の兵の子孫である矜持を示したのであろうか。

我々一行はまず、白石市、蔵王町観光の玄関口である、白石蔵王駅に向かった。駅に着くと、いきなり真田家の家紋である六文銭と片倉家の家紋の九曜紋が目に飛び込んできた。そして、ホームには〝片倉小十郎と真田幸村 歴史秘話の地〟の文字が躍っている。

この駅の前駅長である東海林さんが私の隣りでニンマリとしている。何を隠そう、仕掛け人はこの東海林さんである。新幹線でこの地に到着した観光客は、白石市と蔵王町が真田幸村に深い関係があるのだな、と否応無しに認識させられる寸法である。東海林さんは「真田幸村は何と言っても全国区の武将である。その幸村に纏わる史跡が数多く残る白石市と蔵王町は観光資源に恵まれている。これを生かさない手はない」と話してくれた。

白石蔵王駅を出発し、向かうは傑山寺だ。白石蔵王駅から西に歩いて二十分程度の場所にあるこの臨済宗の寺は、片倉家累代の菩提寺である。ここ傑山寺は直接仙台真田家との関わりがある訳ではないが、仙台真田氏のストーリーを語る上で絶対に欠かせない片倉家を知ることの出来る場所なので、伺うこととした。本堂の前に差しかかると、片倉小十郎景綱の銅像が我々を迎えてくれた。彼は、鬼小十郎と称えられた小十郎重綱の父であり、伊達政宗の軍師とも言うべき人物で、伊達家の屋台骨を支えた名将だ。景綱は白石城の方向ではなく、白石城下の町の方向を向いて座している。

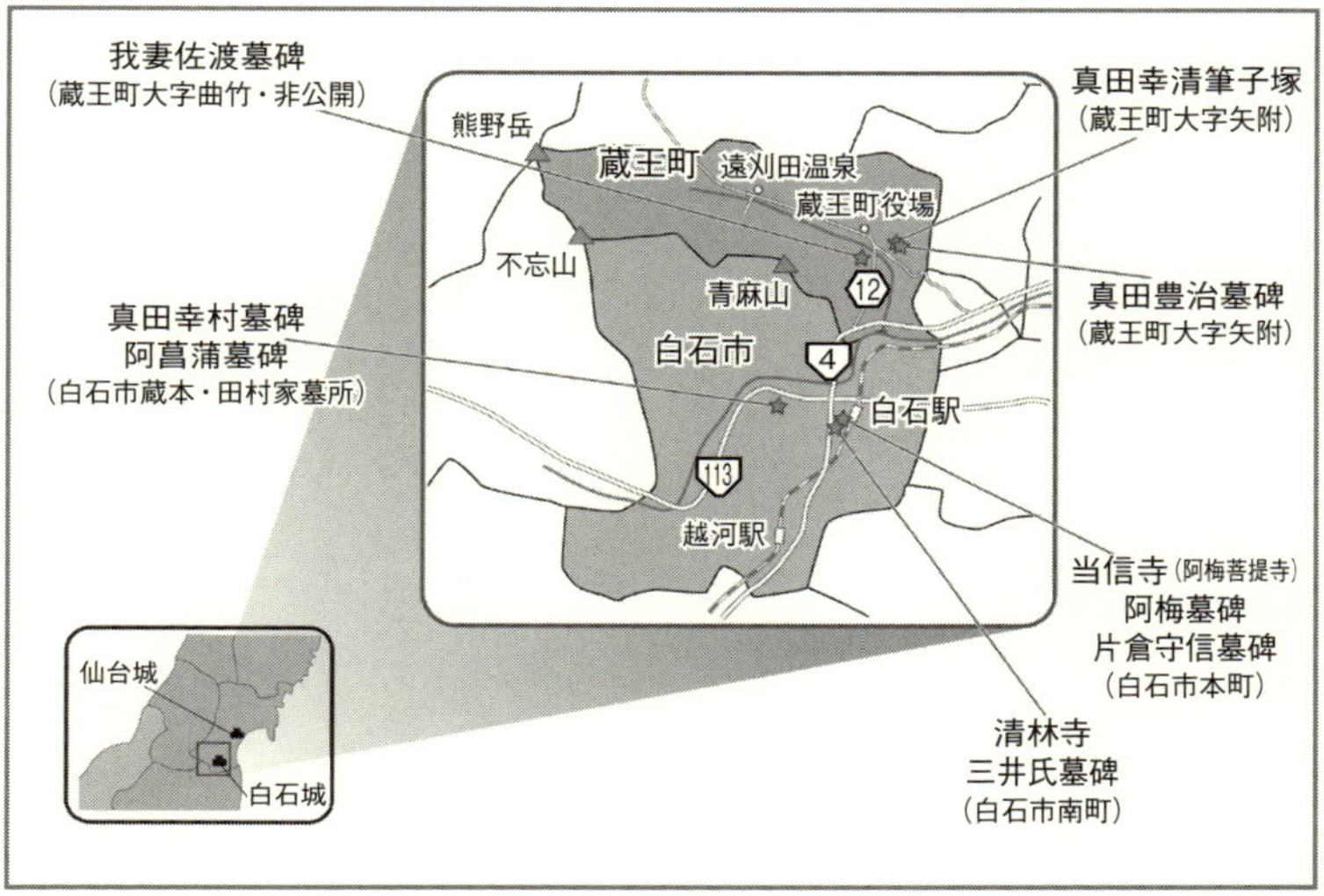

いかにも領民思いな景綱らしいと佐藤さん。その景綱の墓標は本堂の裏手を少し登ったところにある。景綱は自らの墓が敵に暴かれないようにと、墓石ではなく一本杉を墓標にした。景綱の人柄がここにも見えるように思う。景綱の墓標から少し奥に入ると、片倉家歴代の正室たちの墓がある。墓石ではなく仏像が墓標となっている大変珍しい墓である。さらに、その隣には蝦夷松前の領主松前慶広の五男で、仙台藩に仕官した松前安広とその子 広国の墓所がある。墓石が将棋の駒のような形をした珍しい墓が並んでいる。ちなみに、松前安広の正室は片倉小十郎景綱の娘である。なお、本堂に描かれている直径が一〇メートルにもなる竜の天井画は一見の価値があることも記しておきたい。

　この地の領主である片倉家の墓前に手を合わせ、傑山寺から白石城の方向に徒歩で十分ほどの距離にある清林寺に向かう。この寺の寺紋は六文銭である。真田氏譜代の家臣である三井氏も家紋に六文銭を使用していたが、この寺を建立した善久坊が先に述べた真田幸村の遺臣三井景国の次男であり、三井氏の家紋を寺紋にしたということだ。ちなみに、三井景国は道明寺の戦いで負傷し、京都 西本願寺で療養していたが、後に幸村の遺子を匿っている片倉家に仕官することとなる。境内には三井氏の墓碑がひっそりと佇んでいる。真田幸村の父昌幸の代から真田氏に仕え、幸村亡き後も遺子の傍で主家を守り続けた三井景国。権謀術数の渦巻く戦国の世にあって、本物の忠義を貫き通した武将であった。

　清林寺から東に向かい、旧奥州街道を通り過ぎ、白石第二小学校の手前を左折し、しばらく進むと右手に大きな山門が見えてくる。当信寺である。ここには真田幸村の五女阿梅と次男大八の墓がある。道明寺の戦いの夜、極秘裏に片倉隊に送り届けられた阿梅は白石城の二の丸で養育された。そしてその後、阿梅が七歳のとき、片倉重綱の室《しつ》が病死すると、その後妻となり、重綱の死から二十二年後の、一六八一年に七十八歳でこの世を去った。当信寺の資料によると、阿梅は西国の生まれであり、西国の人も多く通る街道近くに埋葬して欲しいと遺言にあったこと、そして当信寺の本尊が大坂天王寺から運ばれたものであることから墓所をここに設けたとある。数奇な運命を辿った阿梅であるが、ここ白石の地で満ち足りた人生を送ったものと信じたい。本堂の裏手に回ると阿梅の墓がある。墓標は蓮華座に座した如意輪観音の石像である。ちなみに、この石像は古くから削って飲むと歯痛に効くと言われていたそうで、削られた跡が露わになっている。

　阿梅の墓の隣りに、寄り添うように建っているのが幸村の第一〇子次男大八の墓である。大八は白石到着後、片倉家の客分として暮らし、始めは片倉久米介を名乗り、元服後に片倉四郎兵衛守信となった。そして一六四〇年、二代目仙台藩主伊達忠宗に召し抱えられ、真田四郎兵衛を名乗ることとなったのである。しかし、真田姓を名乗ったことで幕府から幸村の遺子ではないかという疑いの目を向けられることとなる。仙台藩は、かねてから作成しておいた偽の家系図を幕府に提出すると共に片倉の姓に戻すことで事態の収拾を図った。仙台藩の策が奏功し、御咎め無しとなったが、大八が念願の真田姓に復することはなかった。一六三七年に起こった島原の乱を収めるのに、幕府は想像以上に苦戦した。その影響で旧豊臣家の家臣などへの取り締まりが非常に厳しかった当時の情勢が、真田姓復帰の念願を遠ざけたのかもしれないと佐藤さんは話す。辛くも難を逃れた大八改め片倉守信は、後に刈田郡等に知行地を得る。そして一六七〇年、片倉守信の波乱に満ちた六十年の人生は幕を下ろした。守信は最後まで真田姓を復活させることは出来なかったが、その死から四十二年の後、仙台真田氏は真田の姓を再び手に入れることとなる。しかし、それは仙台藩が作成した偽の家系図を元にした真田姓であった。阿梅、守信の墓の前でしばらく立ち止まっていると、二人の若い女性が見学に訪れた。東海林さんの解説に、歴女であろう彼女たちは熱心に聞き入っていた。

真田阿梅・大八の墓

　当信寺を後にした我々は、国道一一三号線を七ヶ宿方面に車を走らせ、途中、片倉家御廟所を経て田村家墓所に到着した。杉木立の中を少し歩くと目の前には墓碑が整然と並んでいた。ここには真田幸村の墓碑が残っている。戦の世が終わりを告げ、泰平の世になって間もなく、幸村の九女阿菖蒲は、白石に身を置いた。そして、伊達政宗の正室である愛姫の生家三春の田村氏の後裔・片倉定広に嫁ぎ、一六六四年に他界したと伝えられている。ここ田村家墓所の中央には、片倉定広と阿菖蒲の墓碑が建っており、その隣りに何も記されていない墓碑が建っている。それこそが真田幸村の墓碑である。これは、阿菖蒲が父幸村の遺髪を埋葬したものと伝えられている。〝知られてはいけない歴史〟を象徴するかのような無銘の墓碑から伝わってくるのは、悲しみや苦しみではなく、父を慕う娘の心の優しさと力強さであった。静寂の中で木立の隙間から柔らかい西日が差しこみ、神々しさを感じながら幸村の墓碑に手を合わせ、次なる目的地へ歩みを進めた。

これまで見てきた史跡はすべて白石市のものである。ここからは蔵王町の史跡を巡る。

佐藤さんの解説が勢いを増したのは言うまでもない。蔵王町の曲竹地区と矢附地区は、真田幸村の次男である片倉守信が知行を得た地である。縁の深い片倉家が治める白石の隣りに知行地を与えたというのは恐らく伊達家の配慮であろう。最初の目的地は個人の宅地内にあり、一般公開はされていないが、今回は特別にお見せいただいた。静かな里山の風情を堪能しながら敷地内に入らせていただくと、六文銭の下に我妻佐渡墓碑と書かれた看板が目に飛び込んできた。蔵王町教育委員会が設置した看板だ。もちろん、佐藤さんが中心となって設置されたものである。さて、我妻佐渡であるが、彼は前述したように大坂夏の陣後、京で真田幸村の次男大八と三人の姫を片倉重綱に送り届けた人物である。我妻佐渡はその後も幸村の遺子の護衛を続け、白石までやってきた。その後の足取りに関しては不明な点が多かったようだが、彼の末裔に連なるひとりの女性の努力が実を結び、この地に墓碑があることが近年確認された。そして敷地内に残る同家の代々墓の碑文が解析され、彼がここ曲竹に居住し、一六六〇年に死去したことが分かった。看板の直ぐ脇に、幾つもの墓碑が並んでいる。その一番奥に、一つだけ他とは違い上部が尖っている墓碑がある。これこそ我妻佐渡の墓である。この一帯では存在しない形状の墓ということで、隠れキリシタンの墓なのではないかという説や、佐渡の文字から推測し佐渡島に流された罪人の墓だとの説もあったそうだが、調査の結果真田幸村と関わりの深い我妻佐渡の墓と判明したそうだ。仙台真田氏の〝知られてはいけない歴史〟の当事者である我妻佐渡の墓は、地元の人にすらどのような人物の墓か分からないまま三百五十年もの間ひっそりとこの山里に存在し続けた。しかし、蔵王町の歴史に対する熱意が、この墓の真実を世に知らしめたのである。佐藤さんの「歴史は新資料に基づいて常にアップデートされるべきものである」という言葉が心に刺さった。

曲竹地区を後にした我々は、こちらも仙台真田氏の領地であった矢附地区へ向かった。蔵王町役場から宮城県道一一五号線を松川沿いに進むと、仙台真田氏ゆかりの郷と書かれた看板が見てくる。その看板に書かれた矢印の通り進むと、仙台真田氏ゆかりの郷　見学者用駐車場と書かれた大きな看板が目に飛び込んできた。ここが次の目的地　真田豊治の墓である。看板の設置、駐車場の整備、導線の確保、それらは全て佐藤さんの勤める蔵王町教育委員会の尽力によるものだ。手入れの行き届いた道の先に真田豊治の墓碑はある。

真田豊治は幕末から明治初期の仙台真田家分家の当主で、栗原郡三迫金成代官所の郡方役人を務めた人物だ。墓碑には〝幸村十一世〟と刻まれている。真田豊治はこの地で暮らし、その子孫が矢附、曲竹に発展したことで、真田幸村の血はこれらの地域にさらに深く根付いていくこととなった。

真田豊治の墓を後にし、一〇〇メートルほど歩くと真田幸清筆子塚がある。ここがこの旅最後の史跡だ。東海林さんと佐藤さんが、この筆子塚はとても重要なものだと声を揃える。仙台真田氏にとって大きな意味を持つこの史跡は、長閑な細道に佇んでいた。幕末から明治初期を生きた真田幸清は、仙台真田氏分家の出であったが、本家に後継者がいなかったために本家の家督を相続した。幸清は先に述べた〝道明寺陣立図〟を描いた幕末における仙台真田氏の当主真田喜平太の父である。幸清は一八五五年にここ矢附地区において寺子屋真田塾を開き、多くの門弟を世に輩出した。科目は読書と習字だったそうだ。幸清は一八七一年（明治四年）にこの世を去った。その翌年、真田塾の門弟たちが亡き師のために建てた石碑がこの筆子塚だ。

この碑は紛れもなく真田幸清の功績を称えるものであるが、実はそれ以上に大きな意味を持っているのである。碑にはこう記されている。〝左衛門佐幸村十世　真田源太左衛門滋野幸清〟　徳川の時代が幕を下ろし、明治という新しい世になって間もない明治五年、仙台真田氏が真田幸村の血脈であることがこの碑をもって初めて公表されたのである。

道明寺の戦いの夜、阿梅が片倉重綱の陣に届けられたこと

真田幸清筆子塚

に端を発する仙台真田氏が、約二百五十年ぶりに堂々と真田幸村の血縁であることを宣言した記念すべき石碑は、〝知られてはいけない歴史〟が終わりを告げたことを意味している。
夕日が青麻山を赤く染め、鴉の鳴き声が小山の谷間にこだまする中、この小旅行は完結した。仙台真田氏の足跡を一日で辿ることの出来る白石市と蔵王町の旅は、大きな歴史のロマンを感じさせてくれた。そして、それと同時にこの神秘的な仙台真田氏の物語を多くの人に知ってもらうことに心血を注ぐ方々の情熱に胸を打たれた。沢山の方がこの歴史ロマンに満ちた仙台真田氏の足跡を辿る旅に出掛けられることを願って止まない。

〈参考文献〉

小西幸雄『真田幸村と伊達家』国宝大崎八幡宮 仙台・江戸学叢書六五
小西幸雄『仙台真田代々記』宝文堂
小西幸雄『真田幸村子孫の仙台戊辰史　真田喜平太の生涯』ミヤオビパブリッシング
星亮一『仙台戊辰戦史　北方政権を目ざした勇者たち』三修社
笠谷 和比古『関ヶ原合戦と大坂の陣』吉川弘文館

真田幸村の頌徳碑《しょうとくひ》（岡山県倉敷市）

高橋美智子

吉備の児島（倉敷市児島）は、「古事記」や「日本書紀」にも記述されている日本創世にかかわる地域である。「日本書紀」の国土創生を伝える国産みの項目には、八つの陸地からなる大八洲《おおやしま》の一つが吉備の児島であると明記され、「古事記」の国土生成の項はイザナギ・イザナミにより大八洲国が形造られた後に児島を造ったと記述している。

ヤマト政権により児島は地方行政府を置く直轄地になり、児島屯倉《みやけ》が設営された。古代の吉備児島は本州本土の沖合にある大小さまざまな島の群集した島嶼《とうしょ》であった。天日乾燥のための浜辺がいたるところにあり、雨が少なく晴天に恵まれているので、国内でも屈指の製塩地帯となってヤマト政権の経済的基盤をなしていた。

周辺の海域と「吉備の穴海」が干拓されて本土に繋がり児島半島を形造る江戸期以降、人口扶養力に恵まれた地域の児島には繊維産業が勃興する。干拓直後の造成地は残留塩分が多く米作には適さない。そのため塩害に強い綿花が盛んに栽培された。収穫した綿花を糸に仕立てる撚糸屋、天然素材を用いて色染めする染物屋、帆布や衣料品を織る織物屋、そして問屋や行商人の活動する先進地域が出現していた。取り扱われていた商品の中には江戸初期に流行した特殊な織紐があった。それが真田紐である。

「真田の織った強い紐」といううたい文句と使い勝手の良さで評判をとり、児島は真田紐の生産で賑わっていた時期があった。児島由加山の瑜伽大権現《ゆがだいごんげん》と四国対岸にある金毘羅大権現は山岳信仰と修験道の神仏習合の聖地として崇められ、諸願成就のために二つの大権現様を参拝する両参りが流行した江戸時期、全国からの参拝者で賑わう由加山参道は真田紐の土産物屋が並び大いに繁盛していた。実用価値の高い真田紐は児島特産の土産物として全国津々浦々に持ち帰られ広く普及していった。

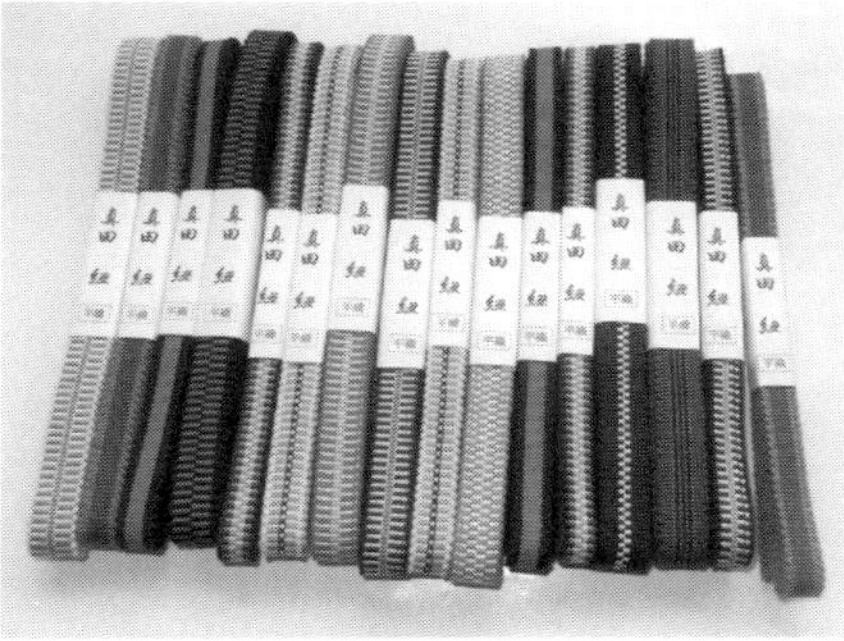
真田紐

この真田紐の由来は、九度山に幽閉されていた真田昌幸と信繁の親子の織った紐ということから始まる。息子の松代藩主真田信之からの表だった援助は受けられない生活苦の中で、糊口を凌ぐために紐織りの手仕事を始めた。真田親子の織った紐は格別に強い紐として大坂堺の商人達のうけも良く売れ筋の商品となっていった。やがて児島はこの真田紐の大生産地として全域が活況を呈し、児島の名は全国に知れ渡っていく。

色染めした縦糸と横糸で織られた色彩豊かな細幅の真田紐、格子状に糸が組み上げられているので引っ張りに強い丈夫な代物である。当時は刀の下げ緒（刀を上帯に結び付けるために用いる紐）や、甲冑の締め紐などに使用され、また千利休の発案により茶道具を入れる桐箱にも結び紐として使われる等、様々な使い方がされている。特殊な例として、各流儀を表す独自の文様に様々な意味や暗号を込めた「御約束紐」のようなものもある。現在でも国内の繊維産業の中核を担う児島だが、この基礎になったものが江戸期に作られていたこの真田紐によるところが大きい。真田紐で潤った児島は、その後、足袋生産が盛んとなり、明治期以降はミシン縫製産業の先駆けとなって学生服やユニホーム・ジーンズの大量生産に引き継がれていった。

由加神社境内にある昭和十八年建立の「真田幸村公頌徳碑」は、児島繊維産業の基となった真田紐を顕彰するもので、往時の繁栄を再び取り戻したいとする地元の有志たちの強い思いが込められている。

幸村の頌徳碑

由加神社（瑜伽大権現）

瑜伽大権現は山岳信仰と修験道の融合した神仏を祀る施設として全国的に名を馳せていたが、明治元年（一八六八）の神仏分離令による廃仏毀釈により廃止された。新たに瑜伽山蓮台寺と由加神社として運営されている。門前町の面影を残す石畳の参道が現存し、賑やかだった往時の雰囲気を偲ぶことができる。芝居小屋や旅籠、土産物屋、飲食店が軒を連ねていたかつての景観を想像しながら参拝するのも趣がある。真田紐や古くからある当地の名物「あんころ餅」が神社境内で販売されている。
　四国金毘羅山との両参りが盛んだった頃、児島田ノ口港に上陸し由加山南麓を経て瑜伽大権現に至る参道が整備されていたが、現在、この参道を辿ることは難しい。児島唐琴では現在も真田紐の生産がされている。

〈参考文献〉

『岡山県繊維産業の歴史』平成二十三年二月号
『蔵王町に残る仙台真田氏の足跡』宮城県白石市

由加神社

■岡山県倉敷市児島由加山2852
瀬戸中央自動車道水島インターチェンジより車で約15分。
ＪＲ瀬戸大橋線・児島駅よりタクシー約15分。
児島駅より下電バス由加山行きが運行されている。平日のみの一日２往復（土・日・祝日・正月三が日は運休）
車の場合は、表参道第一駐車場を利用。
■電話　086-477-3001

肥前名護屋城と真田陣跡（佐賀県唐津市）

平野恵子

天正十八年（一五九〇）七月、北条氏の降伏によって長く続いた戦国時代に終止符が打たれた。真田一族には秀吉から上田の領地に加えて、北条氏の領地になっていた沼田も返還された。その沼田は長男である信幸が治めることになった。これによって真田一族は昌幸が治める上田の真田本家と信幸の沼田真田家となり、徳川家康の組織下からも外れることができた。武田家家臣時代から上杉氏、北条氏、徳川氏と争いを続けてきた真田一族にもやっと四方に脅威のない平和な日々が訪れた。しかし領地での穏やかな日々は長くは続かなかった。

天下統一を成し遂げ、朝廷との関係も強めることによって絶対的な権力を手にした秀吉の野望は国内だけに止まらなかった。大陸進出の一歩として朝鮮への出兵を目論んでいた。愛児鶴松の突然の死による喪失感も野望に拍車を駆けることになった。当時すでに第二勢力であった徳川家康でさえ「唐入り評定」でこの暴挙を止めることができなかった。

天正十九年（一五九一）九月、秀吉は唐入りのため翌年三月に朝鮮に出兵することを表明し、諸大名に準備を命じ、その実行に向けて肥前名護屋（現在の佐賀県唐津市鎮西町名護屋）で最前線基地の建設にも着手した。
肥前名護屋は朝鮮半島にもっとも近い東松浦半島の先端に位置し、可部島という天然の防波堤をもつ細長い湾の奥にある。湾内は多くの船を停泊できる良港にも恵まれていた。そこには松浦党の旗頭・波多氏の一族である名護屋氏の居城跡があり、中世には松浦党の交易拠点の一つだった。渡海の拠点として申し分ない立地だ。秀吉がこの地に目をつけたのはいつだったのだろうか。すでに元寇のころからこの地は知られていたのかもしれないが、実際にここを選んだのはおそらく天正十五年（一五八七）の島津氏との戦に勝利し九州を平定したときではないだろうか。秀吉は箱崎で九州諸大名の領地を定めた後、この戦で焼け野が原になっていた交易都市博多に移り「太閤町割」を実行している。そのころ長崎平戸からイエズス会の宣教師コエリョがフスタ船と呼ばれる小型武装帆船に乗って秀吉を訪問している。秀吉はこの船に乗船し、甲板上に据えられた六門の大砲の仕組みから船底の倉庫までつぶさに見て回ったという。おそらく航路や周辺の状況も聞いたに違いない。この乗船が「伴天連禁止令」のきっかけを作ったともされているが、大陸への野望を具体化するきっかけになったのかもしれない。

名護屋城築城の具体的日程に関する史料は少ない。天正十九年（一五九一）八月石田正澄が肥後の相良長毎に宛てた書状や「黒田家譜」によると天正十九年後半に小西行長、黒田長政、加藤清正たち九州の諸大名を中心に名護屋城の普請が命じられている。同時に築城を担当した小西、黒田、加藤には翌年三月に朝鮮に向けて出陣することも命じられている。さらに四月二十五日には秀吉が名護屋城に到着しているところをみると、大阪城に次ぐ規模の名護屋城がほんの数カ月で築城されたことになり、秀吉の権力の大きさを物語る事業と言われている。しかしいかに秀吉の威光が大きく九州の大名を総動員したとはいえ総石垣の本格的な城郭をわずか数カ月で完成させるのは不可能ではないかとの問題提起もなされていた。建築史家・内藤昌氏は「石垣の普請と天守および本丸の主な殿舎の作事までは九州の諸大名が行っているが、その他のその築城の準備は出兵の二年前となる天正十八年（一五九〇）にはすでに図られていたのではないか」という問題提起をしていたが、その後の発掘調査でそれを裏付けるような瓦が発見された。瓦の表面には「天正十八年」「四天王侍住人藤原朝臣美濃」「住村予介」「五月吉日　吉□」と刻まれている。これを踏まえ、また秀吉の天下統一の最後の戦いとなった小田原城攻めに九州の諸大名がそろって参戦していないという事実から推し量ると、おそらく秀吉はその頃すでに朝鮮出兵を想定し、その準備として名護屋城の普請を九州の諸大名に命じて進めていたのではないかという見方が有力になってくる。

名護屋城は、総面積十四万平方メートル。これは東京ドーム四つ分に当り、当時は大阪城に次ぐ規模の大きさだった。その構えは基本的に三段の渦郭式。城内を土塁や石垣で区切った空間を曲輪または丸と呼ぶが、渦郭式《かかくしき》は本丸、二ノ丸、三ノ丸をらせん状に配置して本丸への到達距離をのばすことで防備を強化する形。代表的なものに姫路城、江戸城などがある。肥前名護屋城は五層七階の天守閣のある本丸を中心に、二ノ丸・三ノ丸・山里丸、遊撃丸などを要所に配置し、北側には鯱池と呼ばれる堀を渡すなど堅固な備えになっている。

文禄・慶長の役で肥前名護屋に出兵した諸大名は徳川家康、前田利家、石田三成、毛利輝元、上杉景勝など有力武将を筆頭に、北は松前（北海道）から南は薩摩まで全国百数十の大名とその兵で、約三十万人が動員されたと言われている。

秀吉によって領国の統制と支配を約束されているかたちの真田家は、当然その中に組み込まれた。天正十九年（一五九一）七月に策定された動員計画で真田家は当主・昌幸、長男・信幸合わせて千二百人の動員が命じられた。内訳は朝鮮半島に遠征する兵五百人と、名護屋で陣屋を構えて待機する七百人だ。

徳川家康を筆頭とする関東奥羽諸侯団の十六番組に組み入れられた真田家一団は、文禄元年（一五九二）二月頃領国を出発した。三月中ごろ家康ら関東北陸奥羽大名たちが中継地としている京都に入り、その一団に加わったと思われる。京の町は将兵たちで溢れかえり、山陽道や瀬戸内海も九州に向かう軍勢が集中して混雑を極めた。街道の渋滞で太閤軍の出発が引き延ばされたほどだ。派手好きの秀吉は眩しいばかりの軍装で、大阪城の黄金の茶室まで運んだという。秀吉を中心とした大軍団は四月十九日豊前小倉に到着した。

そのころ朝鮮出兵の先鋒である小西行長、宗義智、有馬晴信の兵一万九千が釜山（慶尚道）に上陸し、北上していた。真田家一団が加わった関東奥羽諸侯団は秀吉出陣の九日前に京都を出発している。

小倉から唐津までの道は、後に唐津街道として整備されるがもとはこのとき名護屋城に向かうための道で、「太閤道」と呼ばれている。沿道各地に秀吉が飲んだとされる井戸や泉の伝承が残っていてそれらは申し合わせたように「太閤水」と呼ばれている。その他にも秀吉にまつわる品物や言い伝えが残っている。

唐津から名護屋城までの最後の太閤道は最短距離の一本道で急な坂や山道が続く。文禄元年（一五九二）旧暦五月にこの道を名護屋城に向かった常陸の大名・佐竹義宣の家臣平塚滝俊の書状に「佐志峠とて、ことのほか急なる坂候。それより名護屋までは山中にて候」「坂どもはてなく候。人馬ともどもことのほか草臥れ申し候。大方ならず候」とぼやきともとれる言葉が続き、この道の険しさが伝わってくる。秀吉の命によって集められた多くの武将と兵士たちはひと月にも及ぶ行軍で疲労もピークに達していただろう。うっそうと生い茂る山道を黙々と足を進める姿が目に浮かぶようだ。やっとたどり着いた高台が肥前名護屋城の大手口にあたる。突然目前が開け、そこに巨大な名護屋城が現れる。その姿は行軍の辛さを忘れさせるだけの感動と安堵感をもたらしたに違いない。城や陣屋を築く資材や兵糧などさまざまな軍事物資がこの道を通って名護屋に運ばれた。

集結した武将たちはそれぞれに陣屋を構えた。名護屋城を中心に半径約三キロメートル内の丘陵地や玄界灘を望む平地には約百三十もの陣屋がひしめきあい、商人や職人も集まり、最盛期の名護屋の人口は約二十万人に及んだと言われている。朝鮮に出兵した十五から二十万人の兵は別にしても名護屋に在陣した人数は約十万人。現在の唐津市の総人口約十三万人が半島最先端の三キロ四方に集まった状態だ。将兵に溢れる名護屋は消費都市でもあった。城下には諸国から食糧や武器、衣類、材木などを商う商人の町ができ、それに並んで職人や水夫たちの町、さらに歓楽街もできてくる。城下町名護屋の賑わいを詳細に描いた「肥前名護屋城図屏風」（佐賀県立博物館所蔵）にはポルトガル宣教師の姿まで書き込まれている。宣教師ルイス・フロイスもわずか数カ月で壮大華麗な城と活気ある振興都市が出現した驚きを書き留めている。ほんの一時期ではあるが日本の政治・経済の中心はこの名護屋にあったと言っても過言ではないだろう。反面、人口密度の高さに水不足などが日常化し、陣屋同士の喧嘩騒動など新興軍事都市ならではの負の部分も露呈している。

真田家軍も昌幸、信幸それぞれが陣屋を構えている。昌幸の陣屋は名護屋城から一キロメートルほど北側の麦原という一帯で中尾山と呼ばれ、南北に二百五十メートルほど延びる舌状丘陵のほぼ全域が陣地とみられている。周囲には西に伊藤盛景、東に加藤光泰、北に氏家行広と蒲生氏郷の陣がある。陣地内の北側に縦二メートル、横一メートルほどの「鏡石」が残っており、地元住民は昔からこの石を「サナダサエモンサマ」と呼んでいるそうだ。「真田左衛門佐信繁（幸村）」の名前を連想させるが、当時の信繁の立場からして独自の陣屋を構える可能性は薄く、父・昌幸の陣であると考えられている。

一方、信幸の陣は名護屋城の東、湾内を望むところにある。北に藤堂高吉、西に寺沢広高の陣があり、湾をはさんで対岸には黒田長政の陣がある。また、それよりもっと南で湾の最も奥に当たるところにも信幸の陣があったとされている。その陣の南側には石田三成や大友吉継が陣を構えている。それ以外にも真田の陣と言われている場所があるようだ。陣屋を構え出陣の準備を整えた真田家軍団だが「東国衆は肥前名護屋に在陣候故、渡海は成されず候」（大鋒院殿御事蹟稿）とあるように朝鮮半島に渡る命令は下されず、翌年八月までの約一年半の間、名護屋に在陣したまま日々を送った。

名護屋での秀吉は、朝鮮で戦う将兵の苦労をよそに、茶の湯や能楽などに耽り、在陣の退屈をしのいでいる。博多の豪商・神谷宗湛をまねいて大阪から持ち込んだ黄金の茶室を披露したり、秀吉の居住区である山里丸で茶室開きの茶会を開いたりしている。茶の湯や能など太閤の趣味は在陣の武将達にも広がり、陣屋ごとに茶の湯や能の会が催され、陣内に能舞台や茶室を作った大名も多くいた。武将たちがこぞって茶道具や楽器を求めることからそれらを商う商人や粋人たちも名護屋の地に立寄り、一時ではあるが辺境の軍事都市に豪華絢爛な桃山文化が花開いた。

名護屋城在陣の間、真田氏はどのような日々を過ごしていたのだろうか、生活の様子など興味深い。佐竹家家臣・大和田近江守重清が朝鮮出兵時の名護屋で書いた『大和田重清日記』に「真田殿座敷見物する」という記述がある。茶の湯や観能の席だったのだろうか。

また真田家軍団の名護屋在陣時に信繁（幸村）はどこにいたのだろうか。「長国寺殿御事蹟稿」などの史料によれば信繁は天正十七年（一五八九）以降は人質として秀吉に出仕し、石田光成の指揮下に編入されていたとある。昌幸と信幸の従軍は記録にあるが信繁の名前はない。信繁は秀吉の従者として秀吉とともに行動していたのではないだろうか。

七月末、大政所が急死で、文禄の役は一旦休戦になる。秀吉の帰阪に会わせて真田家一団も名護屋を去る。

文禄二年（一五九三）、真田家には伏見城普請奉行から伏見城の普請が命じられる。人足千六百八十人が割り当てられ、さらに留守をまもる家臣を使って木曽から朝妻（近江国）まで伏見築城用の木材を運搬するよう命じられている。翌年、信繁（幸村）が大谷吉継の娘を妻に迎えた。すでに兄信幸は徳川家康の重臣本多忠勝の娘と結婚しているため、真田家は豊臣、徳川両陣営と血縁を持ったことになる。慶長二年（一五九七）秀吉の強引な姿勢が原因で明との講和条約交渉が決裂して再び朝鮮への出兵がはじまったが、真田家の二度目の出兵はなかった。慶長三年（一五九八）八月、秀吉の死によって朝鮮に出兵していた武将たちも帰国し、それぞれの領地に帰っていった。将兵たちのエネルギーに満ちあふれ絢爛な文化が咲き乱れていた名護屋城下は一気に寂れ、死都と化していった。打ち捨てられたこの地が再び華やぐことはなかった。その後名護屋は唐津藩主寺沢広高に任された。関ヶ原の戦い後、唐津城築城が始まり、寺沢は名護屋城の一部を解体してその資材を唐津城に使用した。以後名護屋城は城として使われないように徹底した破却が行われている。その理由も一国一城令による破却、島原の乱のような一揆の拠点化の予防、明や朝鮮に向けて国交回復の意思表示などの説があるが明確ではないようだ。「強者どもの夢の跡」は四百年の年月を経て人々の記憶から消えて行き、元の自然豊かな穏やかな土地に戻っていった。

さあ、実際に肥前名護屋城跡に行ってみよう。

秀吉ではないがやはり博多を起点にした方が良さそうだ。博多駅から唐津線を利用するか、唐津行き高速バスを使って唐津まで約一時間三十分の旅だ。九州は都会と自然の距離が近い。市街を離れるとすぐに車窓には穏やかな緑の田園や時折海の景色が流れて行く。道は同じではないが、真田の一軍もこのような光景の中を西をめざしたのだろう。やっと唐津に到着。唐津湾に突き出た満島山上にそびえる唐津城は、唐津藩主寺沢広高が、七年の歳月をかけて築城したもので、破城した名護屋城の一部を再利用したとも言われている。そこから名護屋城への最短距離である名護屋道（太閤道）にはいる。佐竹義宣の家臣平塚滝俊が坂が多くて難儀な道だと手紙でぼやいた道だ。時間に余裕のある人や、健脚を誇る人なら歩くことも一興だが、数時間かかることは覚悟の上で歩かなければならない。

一足でも早く名護屋城跡に向かいたい人は唐津駅から徒歩四分ほどのところに名護屋城跡方面に向かう定期バスの発車場「昭和バスバスセンター」がある。そこから昭和バス「呼子線」「値賀・名護屋線」に乗り、約三十分で目的地に到着できる。

肥前名護屋城跡といってもお城や建物が復元されている訳ではないので、どこをどう見学したらいいのか戸惑ってしまう。そこで、まず「佐賀県立名護屋城博物館」に行って、大まかな見所や見学ルートを確かめ、イメージを膨らませることをお勧めしたい。名護屋城を中心に周囲の陣屋の位置関係や港の場所などが一目でわかる巨大ジオラマの存在はありがたい。安宅船の復元模型、出土した金箔瓦の破片など興味深い品々も展示されている。城跡を回るには博物館や大手口の案内所で貰える「名護屋城跡ガイドマップ」が役に立つ。ガイドブックにそって丹念に城跡を巡るには一、二時間は猶にかかる。

名護屋城跡は大手口から三の丸、東出丸にかけて高石垣が連なるが、どの石垣も破壊された状態のまま保存されている。本丸跡の中央に巨大な石碑がそびえ立つ。「名護屋城址」という文字は東郷平八郎によるもの。本丸天守台跡からは三百六十度見渡せる。北西側の海のはるか向こうに壱岐、対馬、そして朝鮮半島がある。ここに五層七階の天守閣を持つ城がそびえ、見下ろす森や畑には大名達の陣屋や商家がひしめき活気のある城下町の賑わいがあったことを想像してみる。陣跡を示す扇形の陶板も設置され、真田昌幸陣跡の方向も記されている。

博物館も名護屋城史跡も原則入場料無料だが、これだけの施設や史跡の維持管理には多くの費用が掛かることは想像に難くない。「歴史遺産維持協力金」として気持ちばかりの寄付を置いていくのが礼儀だろう。またガイドをお願いしたい場合は事前に名護屋城跡観光案内所に相談するとよい。

いよいよ真田氏の陣跡に向かいたいと思ったが、昌幸の陣跡も信幸の陣跡も私有地であったり整

森の右側が真田昌幸の陣跡

肥前名護屋城跡観光案内所

ＪＲ博多駅からJR唐津線または博多駅から福岡市営地下鉄空港線で姪浜駅間で行き以西はＪＲ筑肥線へ接続しＪＲ唐津駅（約１時間20分）

ＪＲ唐津駅から唐津大手口バスセンターまでは徒歩約５分

博多駅交通センター・天神バスセンターから、唐津大手口バスセンター行き「からつ号」利用

昭和バス大手口バスセンターより昭和バス「呼子線」「値賀・名護屋線」で約40分

■電話　0955-82-5774

佐賀県立名護屋城博物館

■電話　0955-82-4905

●開館時間　９時から17時

●休館日　月曜日（祝日の場合はその翌日、12月29日～31日）

●入場料　企画展がない時期は無料、企画展開催時など入場料

備されてなかったりで近くに入って見学することはできない。場所を確かめて遠くから眺めることになる。

昌幸の陣跡は、名護屋城跡から北に一キロ強くらいだろうか。旧名字麦原というところで中尾山と呼ばれる森がその場所にあたる。道路沿いに表示板があった。信幸の陣跡は名護屋城の東、名護屋大橋を名護屋側に渡ったすぐ南側の高台あたりだろう。湾を挟んで向かい側は黒田長政の陣跡になる。さらに湾の奥で赤松と呼ばれる所にも信幸の陣跡があったとされている。

陣屋の跡がどのようになっているかを知りたいのであれば、徳川家康陣や前田利家陣など十二の陣跡が整備され見学可能になっているのでそこを巡ることを薦めたい。陣跡巡りはよほどの健脚でないかぎり徒歩では大変だ。特に女性の一人歩きはお奨めできない。貸し自転車や車を利用するほうが便利だ。また博物館などが主催する史跡探訪会や観光案内所主催の歴史ツーリズムを利用するほうが安全かつ効率的に史跡を回ることができると思う。

〈参考文献〉

橋場日月『真田幸村　戦国を生きた智将三代』学研
小林計一郎『真田昌幸のすべて』新人物往来社
平山優『真田三代 幸綱・昌幸・信繁の史実に迫る』PHP新書
青木歳幸『シリーズ藩物語　上田藩』現代書館
高瀬哲郎『日本の遺跡二六　名護屋城跡』同成社
牛嶋英俊『太閤道伝説を歩く』弦書房
寺崎宗俊『肥前名護屋城の人々』佐賀新聞社

『週刊絵で見る日本史二四　名護屋城図屛風・朝鮮軍陣図屛風』集英社ウイークリーコレクション
上垣外憲一『文禄・慶長の役　空虚なる御陣』講談社学術文庫
中野等『文禄・慶長の役　戦争の日本史一六』吉川弘文館
『研究紀要　第四集』佐賀県立名護屋城博物館
『名護屋城博物館年報　No・20』佐賀県立名護屋城博物館
佐賀県立名護屋城博物館パンフレット・リーフレット

羽後亀田藩に眠る「真田六連銭」（秋田県由利本荘市）

伊藤　剛

松本清張の長編推理小説に『砂の器』がある。その舞台は鳥取県亀嵩であるが、その小説では「亀嵩」の地名のトリックに、遠く離れた秋田県の「亀田」が使われた。

「亀田」は秋田県由利本荘市岩城町の亀田地区であり、鉄道の駅では「羽後亀田駅」になる、松本清張はその書の中で「亀田」のことをこう紹介している。

「亀田というのは昔の城下町で、二万石位の小さな藩なのです」（光文社刊、同書より抜粋）。

亀田藩は三方を山に囲まれた小藩ではあるが、隣の秋田久保田藩の支藩の立場を維持しており秋田久保田藩の佐竹氏は遠く常陸国（茨城県）を、亀田藩岩城氏は隣の磐城平（福島県浜通り）をそれぞれの藩主として治めていた。

松本清張は昭和三十年代に取材で岩城町亀田を訪れたときに、その印象をこう記している「駅は寂しかったが、その前の町並みは家の構造がしっかりしていた古い家ばかりである、想像していたよりずっと奥ゆかしい町であった、町の上に山があった」（光文社刊、同書より抜粋）。

松本清張は「町の上に山があった」と述べている。そのイメージは立山連峰や南アルプスを彷彿とさせるが、実際に現地に立つとそれらの山はご老人たちが山菜採りに登るような山であった。

この岩城町亀田の地に六連銭（六文銭）のかかる寺がある。

顕性山妙慶寺（妙慶寺）、日蓮宗の寺院で寛永六年（一六二九）に越後国妙勝寺から円乗院砌上人を招き当初は久保田（秋田市）の地に建立されたが後に亀田城下に移された。

現住所　由利本庄市岩城亀田最上町一〇四

この地名こそ、由利・本庄・岩城・亀田・最上と由緒ある在所が並んでいる。

亀田藩岩城氏はもともと磐城平氏の流れをくむ名族であり、戦国時代は磐城（福島県浜通り）十二万石であった。

関ヶ原の戦いでは東軍（徳川方）であったが、磐城平の岩城貞隆が兄の佐竹義宣の命により会津征伐に参加しなかったため磐城十二万石を改易され、元和二年（一六一六）に信濃川中島一万石に再封となったが、再度転封を願い遠方の信濃・川中島から佐竹久保田に近い出羽亀田に元和九年（一六二三年）に二万石を得て亀田藩が成立した。

亀田藩初代の岩城吉隆（一六〇九～一六七一）は信濃・川中島からの国替え後は亀田城下の町つくりに励んだが、寛永三年（一六二三年）に久保田藩初代佐竹義宣に養子入りし佐竹二代目となった。その時に佐竹義隆と改めた。

その義隆が秋田城主となったために亀田藩を継いだのが岩城宣隆である。寛永五年八月に岩城家を相続し亀田城主となった。

その岩城宣隆の後室となったのが真田信繁（幸村）の娘、「なお」であった。

信繁の妻は大谷刑部吉継の娘、於利世であり、二人の間には四男九女説が伝えられている。長男の大助は大坂夏の陣で豊臣秀頼に従って殉死したという。

信繁は大坂夏の陣で討死しているが、妻の於利世は大阪城落城寸前に娘たちを連れて逃れ、長女「いち」は関ヶ原の戦い後に信繁が幽門された紀州の九度山で亡くなっている。男「大八」と「お梅姫」は敵方の伊達藩片倉小十郎景長のもとに投降し、その後は仙台真田家として家名を存続させている。

信繁と隆清院の間に生まれた「なお姫」は大阪城落城寸前に大阪城を脱出し母親の隆清院とともに町人に姿を変えて京都に住む豊臣秀吉の姉のもとに隠れ住んだ。しかし関ヶ原以降の敵方探索にて徳川方に捕縛されたが、なお姫の叔父にあたり徳川方についた真田信之の助命嘆願により、なお姫は江戸城大奥に仕えさせられた。

大奥でのなお姫はその身分を隠しており三年の勤めを終えた後に京都に住み、二条城で薙刀の師範を務めたが、気品が高くその立ち居振る舞いや薙刀の腕前から信繁の娘と知られた。このことでなお姫は特別な待遇を受けることになる。

そのような時期に佐竹義宣は京都でなお姫と出会った。以降佐竹義宣の上洛の際にはなお姫が給仕係として身の世話をしたが、それを妻と離別していた佐竹宣家が見染め、後妻となった。

また、当時常陸国の藩主だった佐竹義宣が秋田に国替えになった時に、弟の多賀谷宣家（のちに宣隆に改名）も共に秋田に帰参し、豊臣側についた多賀谷重経の娘と離別しひたすら徳川方に恭順の意を示していた。

このことの裏には、遠く秋田の地に国替えした佐竹一族の動きを内部から監視する意図があったのではないかとみられている。「なお姫」の叔父にあたる真田信之もそれに一役買っていたのではないだろうか。

なお、佐竹宣家は寛永五年に岩城家を相続し、寛永十一年に佐竹宣家の名前を岩城宣隆に改めている。

なお姫は岩城宣隆に嫁いだ以降は実家の家名の「真田の方」と呼称されるのが通常であるが、徳川方に思慮してか「真田」の文字を省き「御田《おでん》の方」と称されていた。

妙慶寺にかかる六文銭

なお姫の墓

御田の方は岩城良隆との間にできた第三代藩主となる岩城重隆（一六二八〜一七〇七）を名君として養育しながら再興に尽力した。三代目重隆は亀田藩の新田開発と財政の基盤を整備し、この時代に亀田の町並みが整ったのである。

寛永十二年（一六三五年）に、御田の方は江戸に重隆を訪ねた際に病に倒れ亡くなった、享年三十二歳であった、葬儀は江戸・下谷で行われ、遺骨は妙慶寺に埋葬された。

顕正山・妙慶寺は寛永六年に御田の方（顕正院）が建立した寺院である。真田一族の供養と御田姫の生母、隆清院（秀頼の娘）を弔うために建てられた。

山門をくぐると右手に本堂が見えるが、現在の本堂は大正四年（一九一五年）に再建された。本年平成二十七年（二〇一五年）はちょうど百年目にあたる。

本殿左手に建つ供養塔には真田家の「六連銭」と岩城家の家紋「れんじに月」が掲げられている。供養塔の背後には顕正院、隆清院、真田幸信（なお姫の弟）と真田一族の墓碑が建つ。

なお姫の弟の幼名・真田左次郎は元服後に豊臣秀次の姓の三好を引き継ぎ三好幸信を名乗り岩城氏に仕え、亀田の地で没した。

寺宝を収めた宝物殿には、なお姫が岩城氏に嫁ぐ際に持参した自身の甲冑や薙刀、短刀、衣服などが収められ、秋田県の有形文化財に指定されている。しかし妙慶寺では個人には宝物殿を開けないとして拝観を断っている。

顕正院の遺品の兜の鍬形には真田家の紋、六連銭がついているという。

亀田城のあった場所には平屋建ての佐藤八十八美術館が建ち、その近くには「天鷺城」というお城が建っているが、このお城は観光施設で実際は亀田にはこのような城はなかったという。天鷺城の敷地は地元では天鷺村といい城の隣には歴史資料館が建つ。入村料という入館料は四百十円であった。

なお、ここ妙慶寺にはシーボルト事件で亀田藩の預かりとなり、亀田の地に幽門となった長崎の通訳、馬場為八郎の碑もある。

東北の秋田に六連銭が今も脈々と残っていることに、真田一族が歩んできた一族としての思い今に引き継いでいるように感じられる。

〈参考文献〉

『展示解説』天鷺村歴史資料館

■編著者紹介

●星亮一（ほし・りょういち）
作家、福島県郡山市在住、最新作『大河ドラマと日本人』（イースト・プレス）、『アンガウル、ペリリュー戦記』（河出書房新社）他多数

●桜宝寿（さくら・ほうじゅ）
歴史研究家、大阪市在住、共著に『朝敵と呼ばれようとも』（現代書館）

●高橋美智子（たかはし・みちこ）
歴史研究家、岡山県倉敷市在住、元中学教員

●佐藤智子（さとう・ともこ）
歴史研究家、静岡県三島市在住、共著に『朝敵と呼ばれようとも』

●中堀勝弘（なかぼり・かつひろ）
歴史研究家、群馬県在住、著書に『真田一族がよぉくわかる本』（私家本）

●荻原容子（おぎわら・ようこ）
歴史研究家、埼玉県在住、聖心女子大学文学部史学科卒

●高橋ひろ子（たかはし・ひろこ）
ノンフィクション作家、東京都在住、共著に『知って得する日本史話』山川出版社ほか

●吉田利幸（よしだ・としゆき）
歴史研究家、千葉県船橋市在住、共著に『朝敵と呼ばれようとも』

●舟久保藍（ふなくぼ・あい）
「維新の魁・天誅組」保存伝承・顕彰推進協議会特別理事、奈良県在住、著書に『実録 天誅組の変』（淡交社）

●寒河江昌英（さがえ・まさひで）
歴史研究家、仙台市在住、共著に『朝敵と呼ばれようとも』

●平野恵子（ひらの・けいこ）
長崎歴史文化協会理事、長崎市在住、共著に『朝敵と呼ばれようとも』

●伊藤剛（いとう・つよし）
歴史研究家、埼玉県越谷市在住

星 亮一（ほし・りょういち）
一九三五年、仙台市生まれ。作家。東北大学文学部卒、日本大学大学院総合社会情報研究科博士前期課程修了。福島民報社記者、福島中央テレビ報道制作局長など歴任。『奥羽越列藩同盟』で第十九回福島民報出版文化賞。著書に『国境の島・対馬のいま』（現代書館）、編著書に『フクシマ発』（現代書館）『朝敵』と呼ばれようとも』（現代書館）、『幕末日本のクーデター』（批評社）、『ケネディを沈めた男』（潮書房光人社）、『伊達政宗』（さくら舎）、『脱フクシマ論』（イースト新書）など。

歴史塾（れきしじゅく）
星亮一主宰の戊辰戦争研究会の会員有志が、今回真田家の歴史を追う上で改めて立ち上げた任意団体。

「真田丸《さなだまる》」を歩《ある》く

2015 年 11 月 25 日 第 1 版第 1 刷発行

編　者　星 亮一
著　者　歴史塾
発行者　菊地泰博
発行所　株式会社 現代書館
〒 102-0072 東京都千代田区飯田橋 3-2-5
電話 03-3221-1321 FAX 03-3262-5906 振替 00120-3-83725
http://www.gendaishokan.co.jp/
印刷所　平河工業社（本文）東光印刷所（カバー）
製本所　積信堂
装丁　箕浦卓

校正協力：電算印刷
 ISBN978-4-7684-5770-2